「生きるチカラ」の育て方

頭のいい子に育てるために、
3歳から親が子どもにしてあげられること

清水克彦

NTT出版

はじめに

今、本書を手にされている皆さんは、日頃、どんな思いで子育てをされているでしょうか。

「とにかく健やかに成長してほしい」

「誰にでもやさしく接することができる人間に成長してほしい」

といったものから、

「いずれは難関校に入り、一流企業に就職してもらいたい」

「運動でも芸術面でも、人より秀でた子に育ってもらいたい」

といったものまで、さまざまな思いで子どもと向き合っていらっしゃることと思います。

私も子どもを持つ親ですから、同じような思いを抱いてきましたし、今なお持ち続けています。

それらの思いの中には、親なら誰もが持つ基本的な願いから、親の願望や欲望が加味されたものまでありますが、どんなご家庭であっても、子どもの数や性別に関係なく目指していただきたいのが、「生きる力を身につけさせる」ということです。

小学校で二〇一一年度から、中学校では二〇一二年度から導入された新学習指導要領は、「生きる力」の育成が大きなスローガンとなっています。

学習指導要領は、二〇一六年度中に全面改訂される見通しで、新たな学習指導要領には、小学校三年から英語を科目として導入する、とか、高校で日本史を必修化するといった大きな変更点が盛り込まれる予定ですが、この「生きる力」の育成は継続して打ち出されることになるはずです。

では、「生きる力」とは何なのでしょうか？

「力」という字をカタカナにすると「チカラ」になります。これを、「チ」＝知恵、「カラ」＝体、と考えれば、現在、子育て真っ只中のお父さんやお母さんは、子どもをどのように育てていけばいいのか見えやすくなるかもしれません。

知恵とは、自分の頭で考え、それを表現できる力のことです。思考力や表現力、創造力や独自性といったものがこれに当たると私は考えています。

○思考力＝頭の中で考え、結論を導き出す力。資料などから自分の見解をまとめる力
○表現力＝頭の中で整理したものを、言葉や文章などでわかりやすく発信する力
○創造力＝知識を元に新たなものを生み出す力。工夫して改良する力

○独自性＝他とは一線を画す、自分らしい発想力、個性

「テストで高得点を取る」とか「偏差値が高い」というのも、子どもの学力を見る上で一つの物差しにはなりますが、知識の量や正答を導き出すテクニック以上に、社会に出て問われるのが、思考力や表現力など、数字では表せない学力です。

「野球やサッカーがうまい」や「ピアノやバレエが上手」などの場合も、子どもにとってはアドバンテージになりますが、競技を引退したあと、あるいは特技を生かして生活設計を立てる際には、運動や芸術面のスキルに加えて別の力が必要になってきます。

かつては「難関大学卒業　→大手企業への就職　→そこそこ豊かで楽しい人生」が確約されていたかもしれません。

しかし、これからの時代は、皆さんもすでにお気づきのように、「難関大学卒業＝人生の成功」という簡単な時代ではありません。

社会構造の変化にしっかり対応できる能力、まさに生きていくための「数値では表現できない知恵」が求められてくるわけです。

もちろん、ある程度、読み書き計算などの基礎学力がなければ、思考力や表現力はつきませんし、創造力や独自性も芽生えません。

ですから、文部科学省は、かつての「ゆとり教育」から大きく舵を切り、教科内容を充実させて学力アップを図る一方、これからの社会において必要となる力も並行して身につけさせようと考えているのです。

それには当然、学校だけでなく家庭の力が重要になってきます。

子どもを「社会に出て活躍できる人間に…」と考えるなら、お父さんやお母さんには、「数字で見える学力やスキル」と「社会を生き抜いていく力」の二つを子どもに身につけさせるという目標を持っていただけたらと思います。

もう一つ、「チカラ」の「カラ」＝体の部分も重要です。

これはいたってシンプルで、子どもの体を鍛えるということ、そして、「早寝・早起き・朝ご飯」で生活のリズムを作るということです。

慶應義塾の創設者である福沢諭吉先生は、初等教育の基本として「先ず獣身を成して後に人心を養う」『福翁百話』をあげ、「獣のような体力をつけること」の重要性を説いています。

そして、その精神は今、慶應義塾の附属小学校である幼稚舎や横浜初等部に受け継がれ、これらの学校では、海や山での合宿が学校行事の中心になっているほどです。

体力がなければ、勉強に身が入らないばかりか、運動やピアノなどの大会でも十分な成果を挙げられなくなります。

また、体力がなければ集中もできないため、じっくり考えたり、それを言葉や文章に置き換えたりすることが苦手になります。

そうならないためには、日頃から公園などで運動をさせること。そして、「深夜まで起きてテレビゲームなどに興じる ↓朝、なかなか起きられない ↓ろくにご飯も食べず登園・登校する」という悪い生活リズムを、子どもが、まだ素直にお父さんやお母さんの言うことを聞く年代のうちに直しておくことが大切です。

ひ弱なエリートでは社会に出たあと活躍できません。社会構造が目まぐるしく変わるこれからの時代は、先に述べた知恵に加えて体力がなければ乗り切っていけません。

ただ、それらを子どもに身につけさせるのはそんなに難しいことではありません。「家庭は習慣の学校」などと言われますが、家庭でのちょっとした習慣の積み重ねが、子どもの「生きる力」を伸ばします。

本書では、「今日から」「誰にでも」「ノーコストもしくはローコスト」でできる方法をお伝えしていきます。

それらをすべて実行してくださいとは申しません。それぞれのご家庭で「これならわが家ですぐできそう」と思えるようなものを三つでも四つでも取り入れていただければ、著者としてこれほどうれしいことはありません。

清水克彦

目次

第二章　素直でがんばれる子どもに育てよう　31

第三章　好奇心のある子どもに育てよう　69

第五章　誰とでも協調できる子どもに育てよう　137

第一章　元気な子どもに育てよう

朝を楽しいひとときにする

生きるチカラを育てるには、まず、子どもの生活リズムをきちんとさせることです。世の中が二四時間化し、生活が夜型化しますと、お父さんやお母さんの就寝時間が遅くなり、そのペースに付き合わされている子どもの睡眠時間も短くなります。その結果、朝の起床がつらくなり、親子そろってけだるい表情で身支度を済ませ、適当に朝食を済ませて、それぞれ職場や学校へと慌ただしく出かけて行くことになってしまいます。

私が家庭教育の問題を取材し始めた二〇〇〇年に、日本小児保健協会が発表した「幼児健康度調査」では興味深い数値が明らかになっています。

◆日本小児保健協会「幼児健康度調査」

○就寝時間が「夜一〇時以降」という子どもの割合

・一歳六か月児　五五％

・二歳児　五九％

・三歳児　五二％

これを見るといずれも半数を超えていることがわかります。同協会の一九八〇年の調査では、それぞれ二五％、二九％、二二％だったことを考えますと、二〇年の間に幼児の就寝時刻が一気に深夜化したことになります。

それから十数年が経過した今ではさらに就寝時刻は遅くなり、小学校→中学校→高校と学年が進むにつれて、子どもの睡眠時間はどんどん短くなっているというのが実態です。

これは大きな問題です。

人間にとって、特に脳と体が大きく発達するのは〇歳から六歳あたりまでの時期です。この時期に、朝は元気に目覚め、昼間にしっかり行動するというリズムを身につけておかなければ、夜型生活が定着してしまい、「いつも眠い」「何となく体がだるい」「やる気が起きない」「集中できない」といった状態が慢性的に続く恐れがあるのです。

それだけではありません。かつて広島県教育委員会が小学五年生を対象に実施した「子どもの睡眠時間と学力テストに関する調査」では、七～八時間程度の睡眠時間が確保されている子どもの成績が、国語と算数、いずれも平均で七〇点台（一〇〇点満点）ともっとも高く、四～五時間という短い子どもに比べ、一五点以上、上回っていたことが明らかになったことがあります。

睡眠時間の多寡は、子どもの学力の伸びにも直結する問題ですから、夜は早めに寝かせ、朝はしっかり起きることができるよう、子どもの生活リズムを整えるところから始めていただけたらと思うのです。

就学前の子どもであれば、目標就寝時間は午後八時から八時半、小学校低学年では同九時から九時半、中学年や高学年でも同一〇時から一〇時半にすべきです。

それでも朝は慌ただしい時間になりますから、家族の誰もが前向きな気持ちになれるようひと工夫してみてはいかがでしょうか。

就寝前と起床後に分けていくつか例示してみましょう。

◆就寝前と起床後の工夫

〇就寝前

・おもちゃや本など散らかった部屋は就寝前に片づけておく
・保育園や幼稚園、小学校に持っていくものは寝る前にそろえておく
・子どもが寝る部屋の灯りは暗くし、親も極力、夜更かし生活を控える
・「明日もお母さんと〇〇をしようね」など、翌日の楽しいイメージを描かせて寝かせ

る
○起床後
・決まった時間に、明るく「おはよう」と言葉をかけて起こす
・「早くしなさい」よりも「お父さんと競争だ」など、その気になる言葉をかける
・子どもが好きな食べ物を一品、もしくは大好きな食器を用意する
・花への水やりや配膳など簡単にできるお手伝いをさせ、ほめる

このように、少しでも「朝＝眠い、だるい、登園や登校準備がおっくう」というイメージを和らげ、「早寝早起き、しっかり朝ご飯」を定着させることができれば、子どもは元気になります。

ご飯をモリモリ食べさせよう

元気ではつらつとした子どもにするには、先ほど述べた「早寝早起き、しっかり朝ご飯」がなんと言っても出発点になります。

「睡眠不足もそうですが、朝食を抜いて登園や登校をすると、昼間も低体温でボーっとし

て、授業や運動に集中できません。その結果、成績が下がったりけがをしたりしてしまうのです」

私が取材してきた小学校や幼稚園などの関係者は口をそろえてこのように語っています。次の調査結果を見てください。

◆横浜市教育委員会「学習状況調査」（対象は小学六年生）
○国語、算数、理科、社会四教科のテストの正答率
・朝食を必ず摂る児童　六五・五％
・ほとんど摂らない児童　五一・九％

この調査でも、登校前に朝食を摂っている子と摂っていない子では、テストの正答率で大きな差が生じていることがわかります。

東大に多くの合格者を出すことで知られる筑波大附属駒場中学校では、一〇数年前から、授業中に元気がなく居眠りをする子どもが増えてきたのをきっかけに、朝ご飯の重要性を親に再認識させようと努めています。

年に数回開く保護者会では、

「朝食は必ず摂りましょう。それも食パン一枚とかではなく、和食をバランスよく」

「男の子ならどんぶり一杯、量もしっかり摂らせましょう」

などと書かれた、家庭での食事に関するプリントを配布し、頭をよくするため、というよりも、気力あふれる子どもにするための指導を徹底しているほどです。

それほど朝食は重要な要素で、朝食をしっかり摂りさえすれば、頭も体もさえてくるということなのです。

これは小中学生だけでなく幼稚園児や保育園児も同じです。

幸い、文部科学省が二〇〇六年度から、子どもたちの生活習慣改善のため、「早寝・早起き・朝ごはん」のキャンペーンに力を入れているため、登園や登校前に朝ご飯を食べさせる家庭は増加傾向にあります。

ただ、子育て世代の三〇代、四〇代が朝の欠食率が高いと言われていますので、まず、お父さんやお母さんがモリモリ朝食を摂ることから始めましょう。

できれば、それも楽しく食べることが大事です。

「〇〇ちゃん、早く食べなさい。幼稚園のバスに間に合わないよ」

「……」

「〇〇ちゃん、きのうはちゃんと宿題やったの？　忘れた？　しょうがない子ね」

「……」

これでは楽しくありません。

起きたばかりでは、まだ体が目覚めず、けだるい雰囲気の中で食卓につくケースが多いものですが、そんな中で聞こえてくる言葉が命令口調だったり、宿題のことだったりすると、子どもは気持ちが萎え、食欲も減退してしまうかもしれません。

今度は夕食について見てみましょう。

◆家庭環境が子どもの学力に与える影響（広島大学の山崎博敏教授らによる調査。対象は小中学生）
○国語、算数（数学）の偏差値と夕食の相関関係
・夕食を一人で食べることがよくある子ども　偏差値　四四・八八
・夕食を一人で食べることがまったくない子ども　偏差値　五一・一九

食事を摂っていても、家族とのコミュニケーションがなく、一人でポツンと食べている子どもは成績が芳しくありません。

こうして考えますと、やはり朝食も夕食も、家族で楽しく食べるという環境を作ること

が子どもにはプラスに作用するということになります。

「おっ、今日は、良い天気になるらしいぞ。早く帰ったら公園に遊びに行くか？」

「雨、上がるの？　じゃあ行く」

「今日はどんな折り紙を作ったの？」

「みんなで鶴を折ったの」

このように、子どもの心が躍るような話をしながら、あるいは、今日一日、園や学校であったことを話しながら食べるような環境にしていきましょう。

朝夕の食事を楽しくモリモリ食べる習慣ができれば、子どもは間違いなく元気になり、勉強に限らず、スポーツや習い事にも集中できるようになります。

「好き嫌い」を減らすコツ

「ご飯をモリモリ食べさせよう、と言われても、うちの子は食が細い上に好き嫌いも多いので困っています」

私が講演で全国のＰＴＡ協議会などにお邪魔すると、必ずこのように語るお母さんがいます。

確かに、モリモリ食べる子もいれば小食の子どももいますから、食が細い子どもに「今日からたくさん食べなさい」と言うのは酷です。

ただ、ちょっとした工夫で、バランスの良い食生活は可能になります。

一つは、子どもの好みを知っておくことです。

たとえば、ピーマンやニンジンが大の苦手という子どもであれば、それを小さく切って玉子焼きの中に混ぜ込んでみるのです。

実は私自身、ピーマンやパプリカが苦手なのですが、玉子焼きの中とかカレーやシチューに混ぜ込んであれば食べることができます。

単品で出すと「えーっ?」と思う子どもでも、その子の好物に混ぜて出せば、案外、普通に食べてくれたりするものです。

もう一つは、お住まいの自治体などが農家とタイアップして実施している農業体験を利用するのも手です。

先ほどのピーマンやニンジンもそうですが、ジャガイモ、サツマイモ、ナス、トマトなど、親子で収穫する楽しさを味わってみるといいでしょう。

庭やマンションのバルコニーで植栽スペースがある家庭であれば、プチトマトを作ってみたりするのもいいかもしれません。

「一緒に取ってきた野菜はおいしいね」

「苗の段階から成長させた野菜、やっぱり格別よね」

こんな会話で花が咲きますから、子どもも、それまでは苦手と感じていた野菜でも口にするようになるかもしれません。

さらに言えば、アレンジを工夫するということです。

「せめてパンくらいは食べさせて送り出したいのですが、それすら食べてくれません」

というケースであれば、パンをハートの形をしたクッキーの型で焼いたり、かわいいプレートの上に乗せて出したりしてみると、食べてくれたりします。

あるいは、ホテルのビュッフェさながらに、いくつか大皿を用意し、それぞれにパンやハム、野菜などを盛り、好きに取って食べるバイキング形式などにすると斬新かもしれません。

「朝はご飯を食べさせたい」

と言うのであれば、おにぎりの具をいくつかのお皿に分けて出し、自分で作って食べるようにするとか、意外と手間いらずでできることはあるものです。

もう一つ言えば、食べ物にストーリー性を持たせることです。

「このピーマンはね、茨城県で採れたもので、そこからトラックに揺られて東京の市場に着いて、今度はそこから…」

といった具合に、食材が食卓に並ぶまでの物語を語って聞かせるのも手です。

子どもはお父さんやお母さんのお話が大好きですから、「じゃあ食べてみようかな」と思うようになるかもしれません。それと同時に、流通という世の中の仕組みに興味を持たせることにもなりますから一石二鳥です。

親も一回一回の食事を大切に

先ほど朝食に関して、三〇代と四〇代の欠食率が高いと述べました。子どもに「ちゃんと朝ご飯を食べなさい」と言うのであれば、お父さんやお母さんが率先して、しっかり朝食を摂ることです。

東京・中野区立第六中学校で教頭を務めた廣瀬正義先生の著書『学力をつける食事』(文春文庫)にはこんな数値があります。

◆一食当たりの摂取食品数と学力テスト偏差値の相関関係

○摂取食品数　　偏差値

・三・九品以下　　四八・九
・四〜五・九品　　五一・四
・六〜七・九品　　五三・九
・八〜九・九品　　五五・四
・一〇〜一一・九品　五六・七
・一二品以上　　　六一・二

この数値を見れば、一食当たり多くの種類の食材を摂取している子どものほうが成績がいいことがわかります。

言い換えれば、いい加減な食生活を送っている子どもは学力が伸びず、多くの食材をバランスよく摂っている子どもは成績がアップするということになります。

これは大人にも言えることではないでしょうか。

朝食抜きで出勤すれば、ランチまでの間に空腹感を覚えてしまいます。朝のミーティングでは気持ちが入らず、企画書を作成したり、営業活動をしたりする際にも集中力を欠いてしまいます。

しかし、朝、しっかり食べていれば、頭と体が目覚め、「よし、今日もがんばるぞ」という気持ちになりやすいのではないでしょうか。

朝食は一日の始まりで、日中に必要なエネルギー源を摂取する機会です。お父さんやお母さんがまず、自分の日中の行動を考えながらしっかり食べるようにすれば、子どももそれにならい、朝食抜きで出かけるような機会はぐっと減るはずです。

何も朝からさまざまな種類のおかずを作れと申し上げているのではありません。トースト一枚で飛び出すようなことはできるだけ避け、具だくさんの味噌汁を一杯飲んでいくとか、前の日にあらかじめ作っておいた野菜たっぷりのシチューやクラムチャウダーを食べてから出かけるとか、品数は少なくても、その中に数種類の食材が入ったものを口にしていただけたらと思うのです。

そうすれば、お父さんやお母さんの日中の行動が改善されるほか、先の数値が示すように、子どもの学業成績も向上してくるはずです。

加えて言えば、夕食も大切です。夜、食卓を囲んでの家族のコミュニケーションの重要性についてはあとで述べますが、ここでも、できるだけ多くの食材を摂取できるようにしたいものです。

東京で中学受験事情を取材していますと、学校帰りの子どもが、親にファストフード店やコンビニエンスストアでハンバーガーやおにぎりを買ってもらい、そのまま塾へと入っていくシーンを見かけますが、これではバランスのいい食生活とは言えません。

お父さんやお母さんにとっても、夕食は、一日の疲労を回復させる栄養源になりますから、ここでもまず親が食生活を大事にしていただきたいと思います。

めいっぱい遊ばせよう

「近頃の子どもは、初めて何かに挑戦することを怖がる」

「初めての体験にとても消極的。すすめてもやろうとしない」

これらは、小学校を取材する中で、ベテランの先生方から幾度となく聞かされてきた言葉です。

つまり、「リスク回避型」の子どもが増えているというのです。

考えてみれば、私たち親は、子どもが何かしようとすると、それが親から見て望ましいものでなければ、

「こらっ！　何やってるの？」

「そんなことしちゃダメでしょ！」

「危ない（汚い）からやめなさい！」

こんなふうに大きな声で叱り、子どもの行動を制止させようとしがちです。

その繰り返しが、興味はあっても手を出そうとしない、好奇心はあっても親に何か言われると思うと委縮してしまう、そんな現代っ子を生んでしまった原因ではないかと思うのです。

特に男の子の場合は、何にでも興味を持ち、考える前に行動すると言われています。

「男が本当に好きなものは二つ。危険と遊びである」

これは、ドイツの哲学者、ニーチェの格言です。

この言葉に象徴されるように、男の子は冒険心と好奇心が旺盛です。それは、ハイハイを始めたばかりの乳児でも就学前の子どもでも同じです。

触って確かめたいと思えば触り、踏みたいと思えば踏んづけます。「やりたい」と思ったらやり、「行きたい」と思ったら後先を考えず行こうとします。

高いところに登ったり、狭い場所に隠れたり、冒険的なことが大好きで、ふざけることや下品な言動をすることも得意です。

女の子でも冒険好きな子はたくさんいますし、音がしたり、「かわいい」と感じたものにふれたいという欲求は高く、私の娘などもそうでしたが、想定外の行動を取ることが多々あるものです。

しかし、それらの行動は学習と同じなのです。

「自分で考え出す」「夢中になる」「仲間を作る」「できた仲間と良好な関係を築く」といった社会性の素地を作るには、この時期の遊びが大切になってきます。

それは、親から見ると、「ばかばかしい」「くだらない」「汚い」と思えるような遊びであってもです。

「これは、こんなふうにしたらもっと面白くなるんじゃないか」

「こういうことができたら楽しいに違いない」

子どもは、ばかばかしい遊びを通して創意工夫を重ねます。それは一人遊びであっても、集団での遊びでもです。

その積み重ねが、思考力や発想力、表現力や創造力につながっていきます。

世の中には、難関と言われる大学を出ても、単に高学歴なだけで、話してみると面白くなく、仕事をさせてみるとマニュアルどおりにしか動けないタイプの人間が結構います。

これは私の職場でもそうです。

しかし、幼児期に、どんな遊びであっても、夢中になる体験を積み重ねれば、何に直面しても工夫して何とかしようとする人間に成長できるはずです。

お父さんやお母さんは、それぞれ自分の幼児期や同級生たちの子どもの頃の姿を思い出してみてください。

　ミミズやダンゴ虫をズボンのポケットに詰め込んだり、公園の砂場で秘密基地を作ったり、砂と水とが混じったドロドロの城の中で寝転がったり、あるいは、草むらの中から野草を取ってきてママゴトをしたり、客観的に見れば理解不能な遊びをしてきたはずです。

　保育士向けの学習指導要領である「保育所保育指針」には、「子どもを温かく受容し…」という一文があります。

「うちの子はやんちゃで困る」

「女の子なのに変なことばっかりやりたがる」

　とお嘆きの方でも、まさに指針どおり、その行動を受け入れ、ありのままを認め、「子どもとはこういうもの」と達観してしまえば、いくらかストレスだって軽減され、これまで以上に、子育てに楽しみを見出せるようになるはずです。

「そんな遊び、くだらないからやめなさい」

「汚いわねえ。やめて！」

　などと言わず、明らかに危険というものでない限りやらせてみましょう。

外遊びはとても重要

　ここ数年、「子どもの体力が低下している」と言われています。事実、文部科学省が公表した「二〇一四年度全国体力調査」の数値などを見れば、走力、投てき力、握力など、すべての面で、一九八五年の数値と比べ格段に落ちています。

◆文部科学省「二〇一四年度全国体力調査」
○小学五年生男子の数値

	一九八五年	二〇一四年
・五〇メートル走	九・〇五秒	九・三八秒
・ソフトボール投げ	二九・九四メートル	二三・一九メートル
・握力	一八・三五キロ	一六・六三キロ

　これらの数値も心配ですが、数値以上に、まっすぐ走れない子ども、飛んできたボールをよけられない子ども、すぐに疲れてしまい、ここぞというときのがんばりがきかない子どもが増えているということも懸念材料です。

「はじめに」の中で私は、福沢諭吉の『福翁百話』の「先ず獣身を成して後に人心を養う」の教えにふれましたが、五歳児で漢字の書き取りをさせたり、計算ドリルの時間を設けるなどユニークな教育法で注目を集める鹿児島県の通山保育園（園長は「ヨコミネ式」教育法などで知られる横峯吉文氏）でも、朝は一〇分間のかけっこから始まり、体操や逆立ち歩きなど体力をつけるための工夫が実践されているほどです。

脳科学では、運動神経をつかさどる小脳は、六歳頃までに出来上がるとされています。それだけに「まずは体力」という考え方は大切なのです。

では、家庭で何をすれば、子どもに体力をつけることができるのでしょうか。

ポイントは昔ながらの遊びです。昔ながらの遊びには、いろいろな動きが組み込まれています。

たとえば缶けりや鬼ごっことといった遊びです。

缶けりや鬼ごっこには、走る、曲がる、止まる、しゃがむといった動作に代表されるタテヨコの動きが交じります。

お父さんとのキャッチボールも、ボールを投げるだけでなく、取りそこねるとボールを追いかけ、しゃがんで取るなどの動作が生じます。

なわとびなども、心肺機能、持久力、それに瞬発力を鍛えることができますから、お父さんやお母さんと跳べた数を競う感覚で楽しんでみてください。

今、例に挙げたような遊びは、公園など屋外の広場で遊ぶものです。屋内での一人遊びとは違い、天候や四季の変化に敏感になる他、そこに集まってくる大人、年齢や通っている学校が違う子どもたちとのふれあいを通じ、地域社会を知るきっかけができるというメリットもあります。

「うちの子、外で遊んでばかりで、ちっとも勉強しない」

「公園で遊ぶと服が汚れてしまうので毎日の洗濯が大変」

お母さんの中には、こんなふうに嘆く方もいらっしゃいますが、

「遊びは子どもがたくましくなっていくチャンス」

「特に外遊びは子どもにとって不可欠なもの」

ととらえ、おおいに推奨していただけたらと思います。

ごっこ遊びとかくれんぼは効果的

先ほど私は、昔ながらの遊びをさせようと述べました。縦横さまざまな動きが求められる缶けりや鬼ごっこ、持久力や瞬発力をつけるなわとびをおすすめしました。

さらにおすすめなのが、ごっこ遊びとかくれんぼです。

鬼ごっこもそうですが、ごっこ遊びにはいくつも種類があります。乗り物ごっこ、買い物ごっこ、戦争ごっこなどです。

ごっこ遊びとは、文字通り、何かになったつもり、あるいは、何か架空の状況を作り上げて興じる遊びですから、思考力や表現力、それに創造力などが知らずしらずのうちに磨かれていきます。

乗り物ごっこで言えば、乗り物とはバスなのか、電車なのか、それとも新幹線や飛行機なのかを想定しながら、「どこまで行くか?」「ママと僕のうち、どちらが客で、どちらが車掌さんなのか?」「切符に代わるものは葉っぱでいいか?」など、いくつも設定をクリアしていかなければなりませんから、かなり頭を使います。

買い物ごっこにしても、スーパーマーケットなのか小売店なのかなど、バーチャルな世界の設定が求められますし、「お金でモノを買う」「お釣りを払う」というシチュエーションが必要になってきます。

戦争ごっこで言えば、友だちを敵味方に分けたり、電柱や公園の遊具を仮想敵に見立てたりするところから始まり、味方と協力して相手をやっつけるという協調体制も重要になってきます。

このように、遊びを通じて考え、イメージを膨らませ、世界を広げていくのが、ごっこ遊びの最大のメリットになりますから、子どもが、「〇〇ごっこしよう」と誘ってきた場合、「じゃあ、やろうか」と答え、「〇〇ちゃんと公園で〇〇ごっこしたい」と求めてきた場合も、「じゃあ、お母さんは遠くで見ているね」とOKサインを出してあげてください。

かくれんぼも同じように効果的です。

子どもは「隠れること」が好きです。かくれんぼをすると、子どもは、鬼に見つからない場所に身を隠すにはどうすればいいかを必死で考えます。

逆に鬼になった場合でも、お父さんやお母さん、あるいは兄弟姉妹や友だちが隠れていそうなところを想像するようになりますから、体力とともども知力もつけることが可能になるのです。

屋外での遊びの際、できるなら、近所の年上の子どもと遊ばせるのもいいでしょう。

最近の子どもには「サンマ（＝三つの間）がなくなった」と言われます。この三つの間とは、時間、空間、仲間です。

特に都市部で暮らす子どもは、習い事に明け暮れ、狭い住宅環境や限られたスペースの公園での遊びを余儀なくされがちです。

時間と空間は仕方がない部分もありますが、三つめの仲間はどうでしょうか。

少子化が進み、兄弟姉妹で遊ぶという機会がないという家庭が増えています。それどころか、近所の公園でいろんな年齢層の子どもが一緒になって遊ぶという機会も減ってきています。

第五章で詳しく述べますが、対人関係が苦手という大人が増えている現状を思えば、できるだけ、複数の子どもと遊ばせ、その中でもまれるという体験を意図的に作り出していただけたら、と思うのです。

子どもの大きな特徴は、お父さんやお母さんをはじめ、自分より年上の人たちの行動をまねようとするところにあります。

特に男の子はそうですが、ちょっと難しめのもの、やや高度なものに挑戦したがるという面も併せ持っています。

ですから、近所の子どもの中で、自分の子どもと遊んでくれそうな一歳～二歳年上の子どもがいれば、何かの機会を見つけて遊ばせるようにしてみてください。

「近所の一つ年上の○○くんから変な言葉を教えられて困る」

「二つ年上の○○ちゃんは乱暴だから親としてはあまり付き合わせたくない」

というようなケースもあるでしょうが、年上の子どもと複数で遊べば、ルール決めやルールを守ることを学んだり、リーダー像のようなものまで体得できるメリットがあります。

とりわけ、「うちは一人っ子」という家庭であれば、年上の男の子を目標や参考にしながら知的欲求を高め、成長していく環境を作り出していただけたらと思います。

近所に適当な子どもがいない場合は、年上の子どもたちがいるスポーツチームに所属（もしくはオブザーバー参加）させてみるとか、上級の子どもが通うピアノ教室や英会話教室に入れてみるなどすればいいでしょう。

自分で自分の身を守ることだけは教えておく

ただ、屋外での遊びにはどうしても危険が伴います。先に述べたように、子どもは遊びの中で冒険や挑戦をしたがるものです。

すべり台を頭からすべったり、公園を囲う柵によじ登ったり、お父さんやお母さんが予期しないことをやろうとしますから気が抜けません。

また、公園の遊具が壊れる、川が増水する、大人や年上の子どもにいじわるやいたずらをされるといった危険もゼロではありません。

だからと言って「外遊びを控える」というのではなく、危険も伴う屋外での遊びだからこそ、お父さんやお母さんが、子どもの身の上に降りかかるかもしれない危険を、リスクとハザードに分けてケアし、そのこと自体を、危険を察知し回避する力の育成へとつなげていただけたらと思うのです。

では、子どもの身の上に降りかかりそうなリスクとハザードとは、いったい何なのでしょうか。

◆リスクとハザード

○リスク

・子どもの冒険心やチャレンジする気持ちによるけが。「できると思って高いところからジャンプし、足をくじく」や「もっと林の奥へ行ってみようという気持ちから迷子になる」など。あるいは、「丸太ローラーを素足で走り、足が挟まれ大けがをする」「後ろから押されて落下する」といった不注意や悪ふざけによるもの

○ハザード

・遊具の腐食や摩耗による故障、突起物の存在などによるけが、川の増水など自然による脅威、遊具などにからまりやすい衣服、サンダルなど脱げやすいくつの着用によるトラブルなど

大きく分ければこのようになりますが、それぞれについてお父さんやお母さんがきちんと子どもに話して聞かせておくことが大切です。

このうちリスクは、親がまず「こういうことだけは絶対にしてはいけない」と伝えることが重要です。

「あなたにはまだ無理だから、○○では遊んじゃダメよ、これは約束よ」

「おふざけをして友だちの背中を押したり、突き落とすようなことは絶対にしないでね」と伝えましょう。そしてそれが、子ども自身や友だちの命を守ることだと念を押しておきましょう。

一方、ハザードの場合は、子ども任せにせず、お父さんやお母さんが事前に想定しておくことがポイントになります。

「あの公園の遊具は古い。子どもと一緒に行ってネジの緩みとかチェックしておこう」

「近くでゲリラ豪雨があったらしい。子どもには川に近づかせないようにしないと」

このように、あらかじめ起こりうる危険を想定し、少しでもチェックして子どもに伝えておけば、けがをしても擦り傷程度で、落下、転倒、挟み込み、衝突、遭難といった重大事故はある程度回避できるでしょう。

子どもの遊び、中でも外遊びは「生きる力」を育てる上で大変結構なことですが、あわせて、危険を事前に予期し回避することを教えるのも、子ども自身で自分の生命を守るという「自衛力」につながっていきます。

散らかしを禁止しない

今度は屋内の遊びについて述べておきます。

屋内の遊びと言えば、今やテレビゲーム、パソコンやスマートフォンでのゲームというイメージが定着してしまいました。

それらのゲーム、すべてが悪いとは言いませんが、就学前の子ども、もっと言えば、小学校低学年あたりまでは慣れ親しませることはやめるべきです。

現代は、小学生でも一日三時間もゲームに興じる子どもがいるほどです。そうなりますと、一年間に一〇〇〇時間以上、ゲーム機器と向き合うことになり、学校での授業時間数や家庭での学習時間を軽く上回ってしまいます。

学力低下以前に、就寝時間が遅くなり睡眠が不足し始め、結果として、朝起きられない、日中はボーっとしている子になってしまいます。

「一度、持たせてしまってからでは遅い」

くらいに考えて、屋内での遊びはアナログ的な遊びをメインにさせていただきたいと思います。

将棋や囲碁、チェスやトランプなど、ルールの中で頭を使うものは当然おすすめですが、積み木でもパズルでもプラレールのようなものでもかまいません。

その際、大切なのは、

「遊んだあとは、きちんと元の場所に戻しなさい！」

と強く叱らないことです。

子どもは奇想天外な行動を取るものですが、同時に、大人では考えつかない発想もするものです。

私の知人の子どもで、のちに麻布中・高等学校から東大へと進んだ子どもは、

「プラモデルの戦艦大和のデッキの上に戦車を乗せれば、最強の戦艦が出来上がるのではないか」

と考えたりしていた子でしたし、美大に進むことになる子どもは、何百ピースもある高難度のパズルを作って、その色を自分の好みに塗り替えるような子でした。

子ども部屋はいつも複数のおもちゃが雑然と放置されていて、親ではない私までも思わず、「少し片づけようか？」と言いたくなるような空間でしたが、考えてみれば、子ども

は子どもなりの柔軟な発想で、おもちゃと向き合っていたわけです。

私たち親はどうしても、「一つのプラモデルはあくまで一つのプラモデル」と考えますし、「パズルは購入したものをきちんとはめれば完成」と思うのですが、子どもは別の感覚で想像力を働かせているのです。

「積み木遊びは終わった？　今はぬいぐるみで遊んでいるわけだから、散らかした積み木は元の位置に戻しましょうね」

と言いたいところですが、その二つを組み合わせて遊んでいそうな場合は、

「面白いことやってるね？　何ができるのかな？」

などと、むしろ期待感を持って放置しておくくらいでちょうどいいと思います。

外から木片や貝がら、プラスチックの破片など、親からすればゴミやガラクタにしか見えないものを屋内に持ち込んだとしても、それは子どもの思考力や表現力、それに想像力や独創性を高める宝物かもしれません。

「何それ？　すぐ捨てなさい！」

という前に、それを使ってどうしようとしているのか見守りましょう。

第二章　素直でがんばれる子どもに育てよう

伸びる子どもは素直な子

子どもは、三歳〜六歳の幼児期後期になると、「○○したい」という意思や自我が強くなります。七歳〜一〇歳の少年少女期に入れば、積極性も出てくる反面、うまくいかないとすぐに投げ出したり、お父さんやお母さんの言葉、あるいは学校の先生などの助言に反抗したりするようになります。

そのような子どもを上手に伸ばしていくには、早い段階で素直な性格の子どもに育てていく必要があります。

これは私の娘が通っていた東京の私立小学校で、慶應義塾幼稚舎とのバスケットボールの定期戦が開催されたときの話です。

試合前、慶應チームを率いてきた先生が両校の児童を前にこう語ったのです。

「みんな、バスケットボールがうまくなりたいよね？　だったら、監督やコーチのアドバイスを素直に聞くこと。これが一番だよ」

私が、「なるほど」と思いながら聞いていると、その先生はさらにこう続けました。

「周りの人の話を素直に聞き入れない子は、どんなに身体能力が優れていても、うまくなりません。これは勉強も同じです。バスケットが上手になりたければ、そして、勉強もできるようになりたければ、まず、素直な性格を目指そうね」

確かに、勉強であれスポーツであれ、親や先生、監督やコーチのアドバイスに耳を貸さない子どもは、上達がストップしてしまいます。

逆に、素直に人の話を聞き入れ、そのとおりにやってみようと考える子どもであれば、さまざまな可能性を伸ばすことが可能になります。

大学通信社と週刊誌の「サンデー毎日」が、首都圏の進学塾の先生方を対象に実施した調査（「サンデー毎日」二〇一〇年九月一九日号に掲載）によれば、塾に入って伸びる生徒の共通点として、次のような項目が上位にランクされました。

◆大学通信社などによる首都圏進学塾アンケート
○伸びる生徒の共通点はどこか？（※複数回答）
・一位＝素直　五八・〇％　・二位＝集中力がある　五三・〇％　・三位＝自主性がある　四三・五％　・四位＝前向き　四〇・五％　・五位＝聞く力がある　三八・三％

以下、この調査では、「継続する力がある」「生活習慣がきちんとしている」「好奇心が強い」などといった項目が続くのですが、学力を伸ばすプロを対象にした調査で、伸びる子どもの共通点のトップに「素直」がランクされたことは注目に値すると思うのです。

考えてみれば、二位以下の「集中力がある」や「自主性がある」など、子どもの姿勢や態度を表す項目も、素直さがあってこそ実現できるものです。

「集中してやりなさい」

「自分から進んでやる子になりなさい」

このように、いくら親や先生が声高に叫んでも、子どもにそれらを受け入れる素直さがなければ、文字通り馬の耳に念仏になってしまいますから、「素直」というのは、子どもに生きる力をつける上でも重要な要素になります。

また、素直な性格なら、先生やコーチなどからかわいがられ、社会に出ても上司や得意先からの「引き」を得やすくなりますから、人生が好転していく可能性も高くなります。

では、どのようにすれば、子どもは素直な性格の人間に育っていくのでしょうか。

「早寝早起きをする」とか「寝る前にきちんと歯磨きをする」といった生活習慣の改善とは違い、なかなか一朝一夕にはいかないものですが、それぞれの家庭で次の二点に留意するところから始めてみましょう。

○あいさつを大きく明るい声で交わす

○子どもの話は最後まで聞く

このうちあいさつは相手の存在を認め、尊重し、仲良くしたいというサインです。親子関係で言えば、きちんとあいさつを交わすことで相互の親密さが増し、子どもも、「自分も家族の一員」「僕（私）は親に大切にされている」と実感するようになります。

もう一つは、あとで詳しく述べますが、お父さんやお母さんが子どもの話を途中でさえぎったりせず、いい話であれ悪い報告であれ、最後まできちんと聞くということです。

「お父さんやお母さんは、いつも僕（私）の話をちゃんと聞いてくれる」

子どもはこのような安心感があれば、相手の話もきちんと聞くようになります。

親がきちんと謝る姿勢を見せる

子どもの生きる力を育てるには、子どもを素直な性格に…ということで、さらに二つ、ご家庭で試していただきたい方法をお話ししたいと思います。

○きちんと謝ることができるお父さん、お母さんになろう
○失敗すること＝すばらしいこと、ととらえよう

今回はこの二つです。まず、「きちんと謝る」ですが、在京ラジオ局に勤務している私は、記者やプロデューサーとして企業の不祥事や「政治とカネ」などの問題を取材する機会がたびたびあります。

その際、自分に非があるにもかかわらず、潔く頭を下げることをしない大人たちを目の当たりにし、「わが子には、間違ったことをした場合、きちんと謝ることができる人間になってもらいたい」とつねづね思ってきたものです。

素直さの基本は、ミスを犯したり間違ったことをした場合、それをすぐに認め、謝罪することにあります。

子どもを、先に述べたような面の皮が厚い人間にしないためには、親が子どもの前で言い訳などせず、謝るべきところは素直に謝る姿勢を見せることが肝要です。

子どもはママやパパの言動をじっくり観察しているものです。そして、知らずしらずのうちに、その姿をまねるようになるものです。たとえば、

「いきなり宅配便が届いて玄関に出たから、トーストが焦げちゃったわ」

「雨が降ってきたのを誰も教えてくれないから、洗濯物が濡れちゃったじゃない」

このように、お母さんが日々の生活の中で、頻繁に言い訳をしていると、近くでその姿を見てきた子どもも、何かミスをしたとき素直に非を認めず、誰かに責任を転嫁するようになります。お父さんの場合も同じで、

「うちの部長が全然ダメだから、いくらがんばっても認めてもらえない」

などと誰かのせいにばかりしていると、子どもも同じような言い訳をするようになってしまう危険性があるので要注意です。

したがって、自分に責任があると思えば、

「お母さんがトースターのスイッチを切っておけばよかったね。ごめんね」

「ママが雨に気づかなかったからいけなかったね」

「お父さんも部長に認めてもらえるように、今以上にがんばるからね」

こんなふうに、自分の非や至らなかった部分を認めたほうが、子どもを素直な性格に育てる上ではプラスになります。

子どもは、「○○ちゃんがひどいことを言ってきたからケンカになった」とか「△△のせいで、忘れ物をしてしまった」など、言い訳をしたり取り繕おうとしたりするものです。

しかし、そのまま成長してしまうと、先ほど述べた、非があっても認めず謝らない大人

になってしまう危険性がありますから、できるだけ早い段階で、お父さんやお母さんがお手本となって、失敗や間違いを素直に認める子にしたいものです。

子どもが素直に謝ることができる人間に成長するには、子どもの失敗をきつく叱らない、間違ったことを怒らないといった親の寛容さも求められます。

私などは子どもに、「一〇打数三安打よりも一〇〇打数四安打のほうがえらい」と教えています。

つまり、失敗すること＝すばらしいこと、と考えているわけです。そうすれば、子どもは、「本当のことを話したら厳しく叱られる」という恐怖心にとらわれることなく、何でも話し、興味を持ったものに果敢に挑戦する性格になっていきます。

このところ、企業やＮＰＯ法人などの中で、「失敗大賞」を設けるところが増えています。これは、失敗を隠蔽したり、担当部署で内々に処理したりするのではなく、むしろ積極的に公表して、全員で今後に生かそうという画期的な試みです。私は、それと同じ試みをそれぞれのご家庭でやってみてはどうかと思うのです。

もう一つお父さんやお母さんにお願いしたいのは、子どもの先回りをして言い訳をしないということです。

「テストの前日に熱が出ちゃったからね。できなくて当然だよね」

「たまたますごい投手のいるチームだったからしかたがないよ」

親としては、子どもをかばう意味と世間体もあって、「成績が落ちたのは熱のせい」「野球の試合で完封負けしたのは相手チームの剛腕投手のせい」と言いたいところですが、これが常態化してしまうと、子どもは、「失敗しても親が言い繕ってくれる」と思うようになり、失敗やミスと向き合わない子に育つ可能性があります。

周囲の声にきちんと耳を傾けることも素直さなら、非を認め潔く謝ることも素直さです。フォローしようと思うあまり、失敗した事実をうやむやにすることは避けましょう。

上手なほめ方

子どもを素直な子に育てるには、自己肯定感を持たせること、そして具体的にほめることがポイントになります。

首都圏で生活していますと、小学校受験をさせる家庭はもとより、そうでない家庭でも、就学前から、先取り学習をはじめ、英会話、スイミング、ピアノ、リトミックなど複数の習い事をさせている家庭が多いことがよくわかります。

多くの子どもは、お父さんやお母さんのことが大好きで、その大好きなお父さんやお母さんから愛されたい、認められたい、そして喜ばせたいと考えているものですから、多くの習い事をしている子どもは、知らずしらずのうちに、親の顔色をうかがうようになる気がしてなりません。

「勉強ができないと見捨てられてしまうのではないか」

「ちゃんと泳げたりピアノが弾けたりしないと嫌われてしまうのではないか」

子どもの中に、このような不安感が広がってしまうのではないかと思うのです。

お父さんやお母さんは、特段、「勉強ができるあなたが好き」とか「運動ができるあなたが自慢」とは思っていなくても、子どものほうが親の反応を意識し、親からの評価が低かったり、笑顔が少なかったりした場合、自己肯定感を持てなくなるといった話は、私もこれまでの取材で何度も耳にしてきました。

まだ幼い子どもにいろいろなことを習わせるのが当たり前になった今の時代、私は、子どもの気持ちを安定させ、自己肯定感を植えつける上でも、

「ありのままのあなたでいいのよ」

「お父さんもお母さんも、あなた自身を愛し、何よりも大切に思っているんだよ」

というメッセージを、日頃の生活の中で送り続けることが大切だと考えています。

◆自己肯定感を持たせる言葉
○自信を与える言葉＝「やればできるよ」「○○ちゃんならきっと大丈夫」「お父さん（お母さん）が子どもの頃は、ここまでできなかったよ」
○存在を肯定する言葉＝「○○君がうちの子で良かった」「あなたがいてとても助かる」「○○ちゃんは宝物なんだよ」
○努力を評価する言葉＝「がんばったことにお母さんから一等賞をあげる」「最後までやったことだけでお父さんはうれしいよ」

これらの言葉は、子どもの心をポッと明るくする魔法の言葉です。こうした言葉を、子どもの前で一週間のうちに数回は言ってみましょう。

これらの言葉に、子どもが大好きなお父さんやお母さんの笑顔が加われば、男の子はもちろん女の子でも気持ちが安定し、愛されている実感と自己肯定感を持てる子になっていきます。

もう一つは上手なほめ方です。

子どもの特徴として、「気持ちが乗ればやる」というのがあります。逆を言えば、「気分が乗らないとやらない」という特徴もあるだけに、いかに乗せるかが重要な鍵になります。

その最大のポイントは、具体的にほめるということです。

何も難しいことはありません。ほめる際に良かった点を挙げることと、成長した部分を評価するだけでOKです。

A「お母さんから聞いたけど、絵が上手に描けるようになったんだって？　えらいね」
B「お母さんから聞いたけど、絵が上手に描けるようになったんだって？　それは○○ちゃんが、お絵かきの練習をいっぱいやってきたからだと思うよ。この絵なんて、お鼻の形とか上手に描けてるよ」

AよりBのほうが、子どもにとっては「お父さんは僕（私）のことをちゃんと見てくれている」という気持ちになり、「次も喜ばせよう」という思いになるはずです。そして、「もっとよく観察して絵を描けば、またほめてもらえる」と思うことでしょう。

「足し算が速くなったわ。毎日、ちゃんとがんばってきたからだね」

「最近、ドリブルが上手になったね。特に左手でのドリブルが速くなったよ」

このように進歩した部分や日頃の努力をほめていただけたらと思います。

ほめる上でもう一つのコツは、間接的にほめるという手法です。

「お母さんがね、最近、○○ちゃんは何も言わなくてもちゃんと外から戻ったら手を洗うようになったってほめてたよ」

などと伝えるのもいいでしょう。

子どもにとっては、直接ほめられることもうれしいことですが、間接的にほめられると、直接的より素直に受け入れることができる分、喜びが大きくなります。

ほめる材料はいくらでもある

先の項で私は、子どもの「上手なほめ方」について述べました。講演などでも同じようなお話をさせていただいているのですが、そんな中で、お母さんやお父さんから寄せられるのが、

「うちの子、特にほめるところがないのですが、どこをどうほめればいいのでしょうか?」

という質問です。その都度、私は、「ほめる材料はいくつもありますよ」と返すようにしています。

そうすると、質問されたお母さんやお父さんは、「えっ?」という顔をされますが、本

当にいくつもあるものなのです。

なぜなら、普通のこと、平凡なこと、とりたててほめるようなことでもないことを評価してあげればいいからです。

前にも述べたように、子どもは本来、お父さんやお母さんが大好きです。そして、その大好きなお父さんやお母さんから認めてもらいたい、お父さんやお母さんの笑顔や喜んでいる姿が見たいと思っているものです。

ですから、「特にこれといってほめる部分が見当たらない」などと言わず、普通のことでかまいませんから、ほめてあげましょう。

◆普通のことのほめ方

○食卓で…

・ご飯を残さず食べたら、「全部食べてくれたの？　えらいね！」とほめる

・「ごちそうさまでした」が言えれば、「ちゃんと『ごちそうさま』ができたね、えらい」

○リビングで…

・食事の前に手を洗ってきたら、「手を洗ってきたの？　いい子だね」

・「おはよう」が言えたら、「大きな声で言えたね、はい、おはよう」と笑顔で返す
・リビングテーブルの上のゴミを捨ててくれたら、「気が利くね、ありがとう」とほめる
・飲み物を持ってきてくれたら、「ありがとう、何か飲みたいと思っていたんだ」と返す

○その他、自宅内で…
・普通に字を書いていても、「最近、字がうまくなったんじゃない？」と言ってみる
・一〇回に一回でもくつをそろえたら、「上手にそろえられたね」と評価する
・新しい服に袖を通したら、「かっこいいよ」「かわいいよ」とほめる

こういう、たわいもないことで十分なのです。そうすれば、子どもは「じゃあ、次も全部食べよう」とか「もっと明るく大きな声で『おはよう』を言おう」といった気持ちになり、素直で前向きな性格へと育っていきます。

「特にほめる部分が見当たらない」という子どもでも、実際には、お父さんやお母さんは、その子の良さに気づいているものです。

わが家のケースで言えば、私や妻の誕生日や記念日を忘れない娘は、「家族思いのやさ

しい子」ということになりますし、コンビニでレジを担当していた若いお兄さんの名前を名札を見て覚えている娘は、「記憶力いいね！」という話になります。

まだ年端もいかない子どもは、自分で自分の良さには気づいていません。ですから、親が、「○○ちゃんはココがいい！」「△△くんは、こういうところが立派！」と気づかせてあげましょう。

そういう中で、子どもは、

「そうか、僕は、上手に絵本を読むことができるのか」

「へえ、私は、笑顔がそんなにいいんだ…」

と思うようになり、さらにそれを、自分の特技、魅力、もっと言えば「売り」にしようと思うようになるかもしれません。

私自身、こうして文章を書き、ラジオ番組や講演を通じて人前で話す仕事をしているのは、保育園時代から小学校低学年時代、「作文が上手だね」「みんなの前でお話しするのがうまいね」と、両親や担任の先生からほめられたことが始まりのように感じています。

実際には、そんなに作文が上手なわけではなく、人前での話も大きな声で話せただけかもしれませんが、そういうふうに気づかせてくれたことで、本当にそれに近づけた…そんな気がするのです。

是非、皆さんの家庭でも実践していただけたらうれしく思います。

子どもに必要なのは自信

しばしば、現代の子どもは心が弱いと言われます。

「先生に叱られた」

「友だちに悪口を言われた」

「テストでひどい点数を取ってしまった」

「徒競走でビリになってしまった」

こんな些細なことで落ち込み、やる気をなくし、親が何か言おうものなら、「だって無理だもん」などと反抗したりするのが現代っ子の特徴ではないでしょうか。

だとすれば、お父さんやお母さんはまず、これを解消し、「強い心」、言い換えれば、多少のことにはへこたれない子ども、もっと言い換えれば、打たれ強く、「なにくそ」とがんばれる性格の子どもへと変えていく必要があると思うのです。

そのために大切なのが自信です。自信があれば、素直に第三者の言葉に耳を傾けることができますし、次への意欲が湧いてくるからです。

政財界のトップやアスリートたちから飛び出す言葉は一様に力強くポジティブです。

「落選したって命まで失うわけじゃないから、また出直せばいいと思ったんだよ」

「失敗したって、最後に一勝できればいいんだもん。慌てる必要なんかないよ」

「試合に負けても、その中に次へのヒントが見つけられれば儲けものです」

しかし、この強さや前向きな姿勢は、けっして生まれ持ったものではありません。

心が強い著名人には、両親、学校の先生、部活動のコーチや監督など、身近にいる大人から、「君はココがいいね」とか「あなたなら絶対できる」などと、自信につながる言葉を投げかけてもらった過去が必ずと言っていいほどあるものです。

わかりやすい話で言えば、長野五輪の金メダリスト、スピードスケートの清水宏保選手は、三歳でスケートを始めて以降、父親の故・均さんから「体が小さいからって速く走れないことはないよ」と励まされたことが自信につながったアスリートです。

また、フィギュアスケートの浅田真央選手は、母親の故・匡子さんからの「いつもどおりやれば大丈夫」といった言葉を力に変えてきた選手です。

このように、重要なのは、お父さんやお母さんが、子どもに自信を与える言葉を投げかけるという姿勢なのです。

では、具体的にどんな言葉がけをすればいいのでしょうか。三つの段階に分けて例を挙げてみましょう。

◆子どもに自信と意欲を植えつける方法

○第一段階＝失敗したって大丈夫という安心感を与える

・「ママだって昔はよく失敗したわ。でもできるようになったから、あなたも大丈夫」

・「その絵、お父さんから見ると個性的でとてもいいと思うよ。全然、変じゃないよ」

○第二段階＝僕（私）だってやればできるという肯定感を与える

・「ここさえ直せば、ウソみたいにできるようになるよ。力はあるんだから」

・「ドリブル、ずいぶん速くなったね。練習すれば、もっと上手になるよ」

○第三段階＝またがんばってみようという勇気を与える

・「今度は神様がきっと味方をしてくれるとお母さんは思うわ」

・「パパは仕事中でも、魔法のメガネで○○ちゃんをいつも応援しているからね」

これらの三段階は、心の強い子、がんばれる子に育てるための、ホップ・ステップ・ジャンプとでも言うべきものです。

次の調査結果を見てください。

◆日本青少年研究所「高校生の心と体の健康に関する調査」（二〇一一年）
（以下の数値は「全くそうだ」の比率）
○私は価値のある人間だと思う
・日本七・五％、米国五七・二％、中国四二・二％、韓国二〇・二％
○自分を肯定的に評価するほう
・日本六・二％、米国四一・二％、中国三八・〇％、韓国一八・九％
○私は自分に満足している
・日本三・九％、米国四一・六％、中国二一・九％、韓国一四・九％
○自分が優秀だと思う
・日本四・三％、米国五八・三％、中国二五・七％、韓国一〇・三％

この調査は、日本、米国、中国、韓国の四か国の高校生を対象に、先ほどから述べている自己肯定感について調べたものです。

これを見ると、日本の子どもは他の三か国に比べ、著しく数値が低いことがわかります。

自己肯定感を高め、自信をつけさせるには、「ホントにダメな子ね」や「〇〇ちゃんはお母さんの子じゃない！」、あるいは「もう知らないからね、勝手にしなさい！」や「お友だちはちゃんとできるのに、恥ずかしい…」といったキラーフレーズ（子どもの存在を頭から否定する言葉）は避け、

「次はきっとできるよ」

「よくここまでがんばった、きっとできるよ」

「お父さんとお母さんがついてるから大丈夫！」

と声をかけ、先に述べた三つの段階に留意しながら、子どもを受け止めていただけたらと思います。

自信がない子ども、意欲がない子どもの多くは、認められたりほめられたりした経験が乏しいので、お父さんやお母さんは、日常生活の中で子どもの良い部分を発見し、「それでいいんだよ」「一回や二回、失敗したって平気」といったメッセージを送ってあげればいいのです。

大切なのは親の「聞く力」

以前、講演で岐阜県下呂市の市立竹原小学校を訪ねたことがあります。この学校は、各

教室に「聞き名人・話し名人」という標語を掲げ、
「みんなに向かって話す。最後まではっきり話す。違う意見を理由をつけて話す」
といった話し方や、
「相手の話は耳と目と心で聞く。自分の意見と比べながら聞く。話の中身をつかんで聞く」
という聞き方を実践している学校で、実際、訪問してみて、「すばらしい取り組みだなあ」と感じたものです。

なぜなら、特に「聞き名人・話し名人」という標語には、円滑にコミュニケーションするというだけでなく、子どもを素直な性格にする上での必須条件が盛り込まれているからです。

自分の頭で考えたことを口に出す（＝話す）という能力と同様に、相手の話に耳を傾ける（＝聞く）ことができるという能力は、子どもの生きる力に直結します。

「聞く力」がなければ、学校や塾の先生、あるいはお父さんやお母さんからのアドバイスが心に届きません。

勉強面だけでなく、野球やサッカー、ピアノなどにしても、監督やコーチ、レッスンをしてくださる先生の大事な話を右から左へと聞き流してしまいます。

それだけに、子どもには、「話し名人」ともども「聞き名人」にもなってもらいたいのです。

そのためには、まず、お父さんやお母さんが「聞き名人」になることです。

近頃、企業の中で、人材育成のメソッドとして、「コーチング」を取り入れるところが増えました。

「コーチング」とは、対話を通して相手のやる気を引き出す手法のことで、これを子どもの生きる力の育成に置き換えれば、子どものやる気を喚起し、自分で考える習慣をつけたり、自信を持って自分の考えを表現したり、周囲のお友だちの考えも聞いて、協調して何かに取り組んだりするために必要なメソッドです。

お父さんやお母さんの役割としては、歯磨きの仕方やあいさつの習慣を教える、あるいは、勉強そのものを指導するといった「ティーチング」がありますが、ともすれば一方的になりがちな「ティーチング」だけでなく、良さを引き出すという意味で、「コーチング」という役割も、少し考慮に入れていただけたらと思うのです。

話を「聞き名人」に戻しましょう。今、重要性について述べた「コーチング」には、主に四つの関わり方があります。

その一つが「傾聴」です。文字通り、子どもの立場に立って、話の内容に興味と理解を示しながら耳を傾けるという意味です。

幼児期や学童期の子どもの多くは話したがりです。保育園や学校での出来事、お友だちの話、「これって不思議だな」と感じたことなど何でも話そうとします。

そんなとき、「あとで」は禁物です。お父さんは仕事で疲れていても、お母さんは家事で手が離せなくても、できるだけその場で、「何なに?」と聞く姿勢を見せてほしいのです。

そうすれば、子どもは、「お父さんやお母さんは僕(私)の話をちゃんと受け止めてくれる」と感じ、もっと積極的に話をするようになります。

次は「質問」です。これは、子どもの話をさらに引き出すために、「それでどうなったの?」「どんな気持ちがした?」など、疑問形での言葉がけをするということです。

三つめは「承認」です。これは子どもの行動や話の内容を受けて、ほめたり認めたりすることで、ダメだった部分を叱責するのではなく、

「よくお手伝いしてくれたね。おかげでピッカピカになったよ、ありがとう」

「今回は失敗しちゃったけど、がんばっている姿、かっこ良かったよ」

と評価してあげることです。私たちも職場で周囲から高評価を受ければ、がぜんやる気になりますが、それは子どもも同じです。

最後は「提案」です。「早く寝なさい」ではなく「早く寝たほうが、明日、気持ちよく

起きられるよ」、「お友だちとケンカしてはいけません」ではなく「仲良くやったほうが楽しい運動会になるんじゃないかな？」などと言い換えることで、子どもに選択させるようにしてみましょう。

これなら、子どもは自分で考える必要に迫られますし、親の言うことも抵抗なく受け入れるようになるはずです。

このように、お父さんやお母さんが「傾聴」「質問」「承認」「提案」をどこかで意識しながら子どもと接していると、子どももその姿に学び、相手の話しをしっかり聞き、それに対して自分の考えを述べることができる子に育っていくと思います。

上手な叱り方

子どもは、お父さんやお母さんの思うとおりには動いてくれないものです。特に男の子はそうです。

一度教えたのにできない、自分でやろうとしない、「高い所は気をつけてね」と言っておいたのに平気で飛び降りる、約束を忘れてしまうなど、「ウソでしょ？」と思ってしまう行動のオンパレードです。

だからといって、感情に任せて叱ったり、怒鳴ったりすると、子どもは委縮してしまい、気持ちがくじけてしまいます。

叱るときは、普通の言葉で、そして普通のテンションで伝えることがポイントになります。

そして、感情をそのままぶつけるのではなく、子どもなりに考えることができるよう、別のフレーズに置き換えて諭す言い方にしてみるといいでしょう。例を挙げてみましょう。

○「何やってるの?」↓「こういうふうにやれば、上手にできるよ」
○「何でできないの?」↓「どこが悪かったか一緒に考えてみようか?」
○「いつになったらできるの?」↓「年長さんになる前にはできるようにしようね」
○「何でそんなことするの?」↓「こうしてくれたら、ママはうれしいな」
○「もう知らないから」↓「お約束を守ってくれると信じて、ママは待ってるわ」
○「お片づけしない子は置いていくからね」↓「片づけてもらったほうが、おもちゃも喜ぶよ。片づけが終わったら、パパと一緒に公園で遊ぼう」
○「ひじ!」↓「背中が丸くなっちゃうから、ひじはついちゃダメよ」
○「ふとん!」↓「ふとんをかけて寝ないと風邪引いてコンコンしちゃうよ」

○「くつ！」↓「くつは脱いだらそろえようね」
○「早く！」↓「少し急ごう。電車に乗り遅れると遊園地に着くのが遅くなっちゃうよ」
○「○○しないとゲームを取り上げるからね」↓「○○できたらゲームで遊んでいいから」

このように、「どうすれば良かったか」と失敗から学ばせたり、「いつまでにやればいいのか」、そして、「やらなければどうなってしまうのか」など具体的に伝えたりすることです。

「何を言ってもダメ」とか「何度、注意しても効き目がない」とサジを投げたり、激しく怒ったりしないで、子どもに「じゃあ、次はこうしてみよう」と思わせるような言い方で接してみてください。

まだ、就学前の子どもだと、お父さんやお母さんの言葉の意味をすべて理解することは難しいかもしれませんが、しだいに、親が何を望んでいるのかを理解し、自分で考え、きちんと行動できるようになってきます。

ある小学校を訪ねたときの話です。一、二年生の子どもたちに、「お父さんやお母さんに言われていやだった言葉は何?」と尋ねてみたら、次のような言葉がポンポン出てきました。

○「バカ」「ダメな子ね」「お母さんの子じゃない」＝すべてを否定された気になる言葉
○「何やってるの?」「いつになったらできるの?」「何でそんなことするの?」＝何をどうしていいか困ってしまう言葉
○「もう知らないから」「勝手にしなさい」「いい加減にしなさい」＝放って置かれる気になる言葉
○「○○しないとゲームを取り上げるからね」「ちゃんと勉強しないと遊ばせないよ」＝言うとおりにしないと罰が与えられそうな気になる言葉

これらの言葉を発してしまう親の気持ちはよくわかりますが、これでは、親子のコミュニケーションが一方通行になり、子どもは親に叱られたときだけ指示を守るか、反発するようになります。

オーストリア出身の精神科医で心理学者のアルフレッド・アドラーが提唱した、いわゆるアドラー心理学では、ネガティブな言葉がけで子どもの意欲を奪ってしまうことを、

「勇気くじき」と呼んでいます。

親が発するネガティブな言葉は、「挑戦してみよう」「今度は一人でちゃんとやってみよう」という子どもの好奇心や自立心を抑え込んでしまう可能性がありますから、ひと呼吸入れ、親自身の気持ちを落ち着かせてから、繰り返し指導するのがベターです。

あきらめ脳をがんばる脳に変える言葉

「すぐに投げ出す」「がまんができない」「努力しようとしない」…わが子を見て、（もう少し、がんばれる子になれないものだろうか）と悩むママやパパは多いことでしょう。

うちの子どもを見ても、幼稚園時代や小学生時代は、「できない」「もういや」「やめた！」を連発してきたものです。

水泳日本代表の北島康介選手らに脳科学的アドバイスを行ったことでも知られる脳神経外科医の林成之先生は、（できない、どうせ無理）と考えてしまう脳を「あきらめ脳」と呼んでいます。

小学校低学年あたりまでは、子どもはできないとすぐにあきらめてしまうのが普通ですが、放っておくと、成長しても少しの壁で尻込みをしたり投げ出したりする「あきらめ脳」が固定化される可能性がありますから、できるだけ早期に修正したいところです。がんばれないのは、子どもが「自分はできる」というイメージを持つことができないでいるからです。

ですから、「すぐに投げ出す」「がまんができない」「努力しようとしない」わが子を「ちょっとのことでは投げ出さない」「がまんができる」「努力しようとする」子どもに変えていくには、「自分はできる」というイメージや「僕（私）にもできた」という実体験を持たせることが重要なのです。

小学校中学年以上であれば、自分で目標を持たせ、「あなた自身がやると言ったのだから最後までやり遂げなさい」という言い方もあるかもしれませんが、就学前の子どもや小学校低学年の子どもだと、それではハードルが高すぎます。

ポイントとなるのは、先に述べた言葉がけの他に、手助けの仕方です。

◆「あきらめ脳」をそのままにしてしまう悪い例

○子どもが「無理」「できない」と訴えてきたとき　→すぐに手助けをする。「どうしてできないの？」などと、さらに追い詰めるような言葉を放つ

◆「あきらめ脳」を「がんばる脳」に変えていく例

○子どもが「無理」「できない」と訴えてきたとき　↓「できるところまでやってごらん」と促し、行き詰まったら少しだけ手を貸す。再び子どもの力でできそうなら最後までやらせてみる。まずまずうまくできたら、「よくここまでがんばれたね」と労をねぎらい、「この次はきっとうまくできるよ」と温かいメッセージを送る

すぐに手助けすると、「あなた一人の力じゃ無理」だというシグナルを送っているのと同じです。

強い口調での叱責や命令口調の言葉は、難しい問題や高いハードルを前に立ちすくむ子どもを焦らせたり逆ギレさせたりするだけです。

少し気長な作業にはなりますが、日々の生活の中で、最初は少しだけ手を貸し、軌道に乗れば子どもに任せ、子どもの中に、「自分の力で乗り越えられた」という感覚が残るように導いていきましょう。

○机の片づけ＝お母さんが一度か二度、片づけ方を教え、あとは子どもが何かをする際取り出しやすいように、そして、どこに何がしまってあるかを把握できるように、子ども自身に工夫させ、整理整頓させる

○上履きや体操着を洗う＝一度、親子でやってみて、あとは子どもに任せ、水や洗剤の量を調節しながら、どういうふうに洗えばいいかを学習させる

○カバンの中身を詰める＝最初のうちは、お母さんやお父さんが手伝ったとしても、しだいに子どもに任せるようにする。明日、何を勉強するのか、遠足に何を持って行けば役立ち、何を入れるのは無駄なのか、を学ばせる

片づけは面倒な作業ですし、上履きを洗ったり、カバンの中身を詰めたりすることも、子どもからするとおっくうな作業のはずですが、これらを子ども自身にやらせることで、自分の目の前にある問題から逃げない気持ちが育っていきます。

「これは僕（私）がするべきこと。投げ出したり、後回しにしたり、誰かを頼ったりすることはできない。自分でやるしかない」

といった精神的な強さやがまん強さを養うことにもなります。

これは、読み書き計算などの勉強面や運動面などでも同じです。

少し手ほどきをして子どもに任せ、うまくできれば、親が「よくがんばったね」「次はもっと上手に（早く）できるよ」といった声をかければ、子どもは自信を持ち、「じゃあ、次はもっとうまくやってみるか」という気持ちになります。

子どものウソには思いを共有してみる

子どもを素直な子、がんばれる子に育てるには、子どもから発せられる言葉や仕草に気を配る必要があります。

子どもの言動には何らかのメッセージが込められていることがあります。たとえば、妙に甘えてくるケースです。

「最近、私に妙に擦り寄ってくるな」

と感じたときは、学校で友だちと険悪な関係になっていたり、ひそかに狙っていたお遊戯会の主役やリレーの選手などに選ばれずショックを受け、親に言えないもどかしさを抱えていたりします。

そういう意味から、特に子どもとの接触時間がお父さんよりは長いことが多いお母さんには、子どもの言動を見ながら、どこか変わったところはないか、急に甘えてきたり、乱暴になったり、笑顔が少なくなったりしていないか、など、言葉では出てこない子どもからのメッセージを見極める習慣を持っていただけたらと思っています。

言葉に出てくるメッセージとしてはウソが代表格でしょう。

ウソをつくということは良くないことですが、単に子どもがウソをついたことを叱るのではなく、その背景には何があるのかを、できるだけ嗅ぎ取ってほしいと思うのです。

実際、子どもがつくウソには主に三つのパターンがあります。

○自分の失敗や間違いをごまかそうとするウソ
○自分のかなわない願望を事実のように語るウソ
○お父さんやお母さんの関心を引こうとするあまりにつくウソ

このうち「失敗をごまかすウソ」は、私自身も幼い頃に経験したウソで、子どもがつくウソの中でも頻度が高い部類に入ります。

親が、子どもに「いい子であること」や「頭のいい子であること」などを求めすぎると、子どもはその期待に添えない結果が出た場合、何とかそれを隠そう、ごまかそうとします。ダメな部分を親に見せたくないという意識が働くからです。

「クラスの子、みんな、逆上がりができなかった」

「満点を取った子は一人もいなくて、みんな僕と同じ五〇点くらいだった」

私も小学生の頃、思わず、こんなウソをついたものですが、それも親の大きな期待を子どもなりに感じ、

（逆上がりができない自分では恥ずかしい）

（九〇点以上を期待されているのに、五〇点じゃあ見せられない）

という思いから出たものです。

自分の子どもを、こんなふうに追い込まないためには、

「何事もすべてうまくいくとは限らない。それはそれでいいんだよ」

「また次、がんばれば、今度はきっといい結果が出る」

というメッセージを親が子どもに伝えてあげることが大切です。

二つめの「願望をウソで事実化する」も、よくあるパターンです。

クラス全員ができたことを、自分一人ができたと得意気に語ってみたり、実際には選手に選ばれなかったのに「選ばれた」と話してみたり、というウソです。

この場合、ウソだと判明したとき、ウソをついたことはきちんと叱った上で、

「そうか、一番になりたかったんだね。じゃあ今度は努力して単独で一番になろうね」

「選手になりたかったの？　だったらお母さんも協力するから、次は本当になろうね」

このように、ウソを子どもの本音ととらえ、その思いをお父さんやお母さんも共有してみてください。

三つめの「親の関心を引くウソ」は、「お腹が痛い」というふりをしたり、「ものがなく

なった」と騒いだりすることで表すことが多いものです。

どんな場合でも、淋しさや怖さなど不安感からつくウソが多いので、お母さんはもとより
お父さんも子どもとの時間をできるだけ多く持つ、しっかり抱きしめるなどして、

「お父さんやお母さんは、いつもそばにいるからね」

という姿勢を、明確に子どもに示しておきましょう。

他人の前で子どもをけなさない

一年に数回、あるいは何年かぶりに親戚と会うと、決まって、「おー、○○くん、大きくなったねえ」「まあ、かしこそうな顔になったわね」などと言われます。

そんなとき、皆さんはどうしますか？

「そうなんですよ、かっこいい男の子に成長したでしょ？」

「ええ、がんばる子なんです」

と言いたいケースでも、（それでは自慢になってしまうから）と考えて、

「いやあ、図体だけ大きくて、あとはもう全然ダメよ」

「とんでもない、デキが悪くって手を焼いているんですよ」

こんなふうに返していないでしょうか？

親からすれば、それは謙遜の意味や、子どもに慢心させたくないという思いからであったとしても、子どもは目の前で自分のことを悪く言われると、そのまま受け取ってしまい、深く傷ついてしまうものです。

第三者から「しっかりしたお子さんですね」と性格をほめられたときも、

「いえいえ、まだまだ赤ちゃんで困っているんです」

「そんなことないですよ、もうホントわがままで…」

などと言ってしまうと、子どもは、大人特有の外面《そとづら》と内面《うちづら》を区別できないため、

「お父さんは僕のことを『全然ダメ』と思っているのか」

「お母さんは私のことをデキが悪くて大変な子だと考えているんだ…」

と、額面どおり受け取ってしまうのです。

家庭内で、いくら自信をつけさせる言葉がけを励行していたとしても、人前で酷評されると、子どもは、「どっちなの？」と混乱してしまう可能性だってあります。

特に、お父さんよりは接触時間が多く、子どもからすれば「僕（私）のことを理解していてほしい」と願っているお母さんからネガティブな言葉が飛び出すと、子どもは素直になるどころか、不満をさらに募らせ、孤独感まで抱くようになるのではないかと思います。

私は、子どもが第三者からほめられた場合、必要以上に謙遜するのではなく、「ありがとうございます」と返すべきだと思っています。

「親バカかもしれませんが、本当にいい子なんですよ」

「がんばり屋さんで、何でも一生懸命やる自慢の子どもです」

「体も大きくなったけど、ずいぶん、しっかりしてきたわ」

このように言葉で示したほうが、そばで聞いている子どもは勇気づけられます。(僕のことを親はちゃんと理解してくれている)

(私のことをそんなふうに大事に思ってくれているのか…)

このように実感した子どもは、お父さんやお母さんの言うことを素直に聞き入れ、自分が持っているものを、ためらうことなく表に出すようになるはずです。

わが家の場合、第三者が娘を見て、「あら、賢そうなお嬢さんね」と言ってきたような場合、

「勉強も運動もなかなかがんばる子で、私にとっては自慢の娘です」

と返し、「かわいいお嬢さんね」と見た目をほめてくださった場合も、

「ありがとうございます。私の宝物です」

と、シンプルに返すようにしています。

第三章　好奇心のある子どもに育てよう

親が与えることでスイッチが入る

ここからは、世の中を生き抜いていく上で必要となる前向きな姿勢、子どもの段階で言えば、好奇心や興味の持たせ方について述べていきたいと思います。

「これをもっとやってみたい」

「あれを試してみたい」

と、自分で自分のスイッチを入れなければ、「やらされ感」でいっぱいになってしまうからです。

さて、私は報道の世界に身を置いているので、インタビューをしたりニュース原稿を作成したりする際、政財界の著名人や科学者たち、そして、野球やサッカー界で日本を代表する選手、あるいは、オリンピックでメダルを獲得したトップアスリートたちが、どんなふうに幼少期を過ごしてきたのか調べることが多々あります。

そんな中で気づかされるのが、職種や種目は違っても、何かの分野で成果を挙げた人たちには、「親の影響」という共通項があるという点です。

わかりやすい例を挙げれば、石川遼選手がプロゴルファーになったのは、遼少年が子どもの頃、父親の勝美さんがさまざまなスポーツをやらせてみたことがきっかけです。

サッカーの長友佑都選手の場合は母親のりえさんの後押し、宇宙飛行士として活躍した山崎直子さんの場合は、親子で自然体験を楽しむ習慣があった、など、必ずといっていいほど、お父さんかお母さん、場合によっては両方から影響を受けていることがわかります。言い換えれば、お父さんやお母さんが、何らかのチャンスや言葉を与えたから、子どもが面白さに気づき、心のスイッチをＯＮにしたということです。

私は毎年、中学受験合格者を取材していますが、首都圏屈指の難関校に合格した子どもの中には、将来の夢を具体的に語る子どもがたくさんいます。

「内科医をしているお父さんの話を聞いたので、僕も医者になりたいと思っています」（東京・麻布中学校合格者）

「家族で韓国や中国を旅行し、現地でよくしてもらったので、日本とアジアの橋渡しをするような仕事に就きたいと思っています」（東京・女子学院中学校合格者）

「父が休みの日に近所の発明クラブに連れて行ってくれていて、そこでは不思議に思うことが多かったので、自分も科学者になって不思議を解明する人間になれたらいいなと思っています」（千葉・渋谷教育学園幕張中学校合格者）

といったように、将来、やってみたいことや就きたい職業がポンポン出てきます。

そういう言葉を直接耳にするにつけ、お父さんやお母さんが子どもに何を与えるかは、とても重要なことだとあらためて感じるのです。

子どもは当然ながら、何も持たないで生まれてきます。それが乳児期を経て幼児期になると、しだいに興味や関心を抱く対象を広げていきます。

学童期に入れば、知的好奇心や向上心が芽生え、自発的に考え行動するようになってきます。

こういう心身ともに発達段階にある子どもには、お父さんやお母さんがさまざまな機会を与え、いろいろな話をしてあげることがとても大事な要素になってくるのです。

まだまだ景気の回復が実感できず、年収も右肩上がりとはいかない現状では、子どもにしてあげられることは限られているかもしれません。

そこで今回は、ほとんどコストをかけず、子どもに刺激を与え、同時に適性を見ることができるものをいくつか挙げてみます。

○自治体主催の行事を活用する＝農業体験（＝コメ作りや農作物の収穫）、ハイキング、プラネタリウム無料公開、渓流釣り体験などに参加する
○家庭で動植物とふれあう＝タネや球根から植物を育てる、昆虫や小動物を飼育する
○親子で意味のある遠出をする＝お城めぐり、博物館や恐竜展見学、スポーツ観戦に出

かける
○親子で道具を使って遊ぶ＝公園でボール遊びをさせる、楽器に触らせる、好きなだけ絵を描かせる

いかがでしょうか？　ここに挙げたものは、巨額の費用をかけなくても実現できるものです。しかも自然科学に興味を持たせたり、歴史への関心を高めたり、スポーツや芸術面での適性を見たりすることができるものです。

いろいろなチャンスを与える中で、何か一つでも子どもが心のスイッチをＯＮにしてくれればしめたものです。

そうでなくても体験の数々はけっして無駄にはなりませんから、是非、試してみてください。

習い事は「あれもこれも」でＯＫ

全国各地で講演をさせていただいていると、会場でしばしば質問されるのが、

「子どもに、どんな習い事をさせればいいでしょうか？」

というものです。基本的には、あれもこれもやらせてみていいと思います。

二〇一四年四月から消費税が八％に引き上げられた一方で、それに見合うほど実質賃金は上がらず、「生活は苦しくなった」とお感じの方も多い中、「あれもこれも」は大変かもしれません。

ただ、「子どもにはいろんなチャンスを与えたい」と思っているご家庭や、「うちは一人っ子。何人もお子さんがいる家庭よりはまだ余裕がある」というご家庭、あるいは、「うちの子のどの部分を伸ばしたらいいのかわからない」というご家庭などは、何でもやらせてみて試してみるといいでしょう。

◆リクルートライフスタイル「ケイコとマナブ　子どもの習い事アンケート」（二〇一三年）

○小学生以下の習い事ランキング
・一位「水泳」　三五・九％
・二位「ピアノ」　二三・五％
・三位「英語・英会話」　二二・六％

この調査では、小学生以下の子どもの習い事は、一人当たり平均一・九個で、月平均の費用は約一万三〇〇〇円という実態が明らかになりました。

また、ベネッセ教育総合研究所が、就学前の子ども（六歳以下）を持つ家庭を対象にした調査（二〇〇九年）でも、スポーツ系では「スイミング」や「体操」、音楽・芸術系では「楽器のレッスン」や「リトミック」、そして学習系では「英会話」や「能力開発」が上位となっています。

これに加え、首都圏や関西圏など都市部では小学校受験に挑戦させたり、早期から中学受験の準備に入るようなご家庭は、幼児教室や進学塾通いが入ってきますから、子どもに三つも四つも習い事をさせているというケースもあります。

「そんなにいくつも大変…」

時間的にも金銭的にもこう思われるお母さんやお父さんはたくさんいらっしゃるでしょう。

ただ、やらせてみるのとやらせないままで通り過ぎるのとでは、子どもの受ける感覚がまったく違います。

「子どもがフィギュアスケートに憧れているように見えたので、何回かリンクに通わせてみたけれど、すぐに飽きてしまった」

「せめてピアノぐらいは…と思い、近所のピアノ教室に行かせてみたけど、まったく興味を示さなかった」

こんなケースがあります。また逆に、

「たまたま友人に誘われて、友人の子どもと一緒に体操教室に行ってみたら、とても興味を示したので、本格的に入会した」

「駅前にできたばかりのキッズ英会話教室に寄ってみたら、ネイティブの先生をとても気に入って、毎週楽しみに通い始めた」

というパターンもあるでしょう。

それは子ども自身にとって「思ったより楽しかった」「意外とつまんなかった」という経験則につながっていきますし、親が思ってもみない可能性を開く扉にもなりますから、年少あたりから小学校低学年の頃までは、家計と相談しながら何でもやらせてみるスタンスで臨んでみてはいかがでしょうか。

たとえば、スイミングと体操、英会話とピアノの四つを習わせたとしましょう。この状態が長続きすれば、確かに時間的にも金銭的にも大変です。子どものスケジュールが習い事で埋まり、送り迎えするお母さんの負担も大きくなります。

しかし、幸か不幸か、四つとも長続きすることはまずありません。

「スイミングは喜んで通っているけど、ピアノは全然…」などというケースが必ず生じます。短ければ数か月、長くても一年前後で一つか二つに収れんされてきます。

子どもの成長とは、言い換えれば、可能性を絞り込んでいくプロセスでもあります。その残った一つか二つが、子どもの志向性とひとまずマッチしているものということになりますので、それを続けさせてみればいいと思います。

もちろん、成長するうちに新たに「これを習いたい」というものが出てくる可能性もありますし、親のほうから「これだけは習わせたい」というものが出てくることもあるでしょう。

子どもが「続けたい」「習ってみたい」というものと親が「習わせたい」ものを上手にミックスしながら、無理のない範囲で通わせてみてはいかがでしょうか。

子どもが夢中になっているものを応援する

習い事以外にも、日々の生活の中で、好奇心旺盛な子、やりたいことを見つけて前向きに取り組む子にする方法はあります。

それは、子どもが夢中になっているものを、お父さんやお母さんが応援するということです。

私は子どもの頃、歴史小説にはまり、小学三年生で織田信長、小学四年生で源氏と平氏の研究に没頭した経験があります。

「いつまで源氏の家系図ばっかり眺めてるの？　宿題やったの？」

普通なら、両親からさすがに小言の一つも言われそうなものですが、私が夢中になって取り組んでいるものは優先させてくれた両親に今でも感謝しています。

では、その熱中体験が、今現在、どういう形で私自身の役に立っているのでしょうか？

考えてみれば、中学生や高校生になって、社会科や日本史の点数がおしなべて良かったという点を除けば、目に見えるようなプラスにはなっていないのかもしれません。歴史学者にも社会科の教師にもなっていない現状を思うと、歴史に没頭した過去は、いわゆる「メシの種」にもなっていません。

それでも私は、お父さんやお母さんに、子どもが何か夢中になって取り組んでいるものは応援してあげてほしいと考えています。

国内外の名所旧跡をめぐる趣味、仕事で知り合った記者仲間などとの歴史談義など、心の豊かさにはつながっていると思いますし、時間を忘れて没頭した経験は、夢中で取り組まざるを得ない受験勉強や就職活動、さらには社会に出て専門分野を集中して勉強するときなどに生きるものだと実感するからです。

今の私で言えば、次々と発生する世の中の出来事について取材や調査をし、それを放送する際、あるいは、短期間でデータを集め、参考文献に目を通して一冊の本にまとめる際など、かつて歴史に没頭した経験、そして、そこで得た集中力が大きな武器になっているように感じます。

私が過去に取材で出会ってきた子どもたちで言えば、一人は開成中・高等学校から現役で東大理科Ⅰ類に進んだ男の子です。

彼は、子どもの頃、「カブトムシ博士」と言われていたそうです。

お父さんの実家が栃木県にあったこともあって、小学生時代、夏休みには成虫を捕りに野山を駆け回り、秋には卵を孵化させて、翌夏には成虫に育てるのが一年間のルーティンになっていたほどだそうです。

海城中・高等学校から早稲田大学に進んだ男の子の場合はトンボです。

自宅が首都圏の郊外に位置していたせいか、トンボを目にする機会が多く、小学校低学年の頃から、オニヤンマやギンヤンマなど、さまざまなトンボを標本にしたり、そこから発展して、世界のトンボを研究したりしてきたと言います。

先に紹介した東大の男の子は、二年間の前期課程が終わると後期課程は理学部に進み、今では昆虫の研究にいそしんでいます。また、後者の早稲田の男の子は、いずれ環境に取り組むNPOを立ち上げたいと語っています。

「三つ子の魂百まで」と言いますが、彼らがこう語るのは、それぞれ小学生時代にカブトムシやトンボに夢中になった体験が強く影響を与えているためではないでしょうか。

また、過去にカブトムシやトンボに夢中になった体験から派生して、自然科学や環境問題に関する興味が芽生え、好きな分野を究めたいという思いへとつながったように私には思えるのです。

時間を忘れて没頭できるということはすばらしいことです。それがテレビやスマートフォンでのゲームなどでない限り、

「そんなものをやったって、すぐに成績に直結しない」

などと思わず、子どもが夢中になっているものを応援してあげてください。

それればかりか、お父さんやお母さんも童心に返り、子どもと一緒に夢中になってみたらいいと思います。

夏の早朝、雑木林へと出かけ、樹液に群がるカブトムシやクワガタを捕獲してみる、あるいは、お父さんやお母さん自身もすばしっこいトンボを捕獲すべく、網と虫かごを持っ

て戦ってみる…こんなふうに、教科書には載っていない体験、学校のカリキュラムにはない体験をさせてみるのが、お父さんやお母さんの仕事ではないでしょうか。

それは、「お菓子作りに没頭する」でもかまいませんし、「時刻表を眺めて旅行の計画を立てる」でもかまいません。

そうすれば、それが、理科や地理への興味につながっていくかもしれませんし、少なくとも、夢中になれる楽しさを体感することにはつながっていくはずです。

「それ、いいね」と発想をほめる

京セラの創業者で日本航空の再建にも力を注いだ稲盛和夫さんの言葉に、「自燃性の人間、可燃性の人間、不燃性の人間」という言葉があります。

文字通り、「自燃性の人間」とは、自分から率先して物事に取り組む人、「可燃性の人間」とは、誰かの言動に影響を受けて動き出す人、そして「不燃性の人間」とは、周りから何をアドバイスされても前向きな気持ちになれない人を指しています。

子どもがこの先、どんな道に進もうと、それぞれの厳しい世界で生き抜いていくには、稲盛さんが言うところの「自燃性の人間」、もしくは、少なくとも「可燃性の人間」には育てておかなければならないということになります。

そのためには、できるだけ早い時期に、好奇心旺盛な子にしておくことが求められます。

具体的には、これまで述べてきたように、子どもにいろいろ与えてみる、習い事もさせてみる、そして、子どもが興味を持ったものを応援するといったことが挙げられますが、さらに言えば、子どものアイデア、発想、意見をほめるということも重要な要素になります。

「それ、いいね」

と子どもの言動をほめるということです。

発想はオリジナリティの原点です。

「絵の遠近感はこうして出すんだよ」

「バッティングはこういうふうにするんだよ」

お父さんやお母さんはセオリーを知っていますから、当然、子どもにそれを伝えようとします。

もちろん、何事も基本は大切なのですが、一般的な考え方ばかりを強制してしまいますと、子ども本来の奇抜なアイデアやユニークな発想を阻害しかねません。

近頃、全国各地で、創造力の豊かな人間形成を目的に、子どもを対象にした発明教室が

開催されていますが、たとえば、そういった場で、子どもが何かを発案した場合、

「それ、面白いね」

と高く評価するところから始めてみましょう。

私の娘が以前、近所で開催されていた発明クラブで思いついたのが、「鉛筆削りつきのかき氷機」でした。

娘の頭の中では、氷を削る刃がついたかき氷機と鉛筆削りの形状を重ね合わせ、「二つを一つにしたら便利なのでは?」と、上層部は鉛筆削り、砕かれた氷が落ちる下層部はかき氷機という新たな機械をイメージしたのです。

実際、これを商品化しても売れるはずがなく、鉛筆の削りカスが氷に落下しかねない機械など実用化されるはずがありません。

しかし、ここで、私か妻が、「えっ? 何これ?」「そんなのダメよ」などと言ってしまうと、娘の気持ちは大きく傷つき、「もう何も話すものか」と考えたかもしれません。

「へえ、変わっていていいね」

「よく、そんなアイデア、思いついたね」

とほめた上で、「でもカスが氷に落ちちゃうね、どうしようか?」などと、次なる考えを求めるように仕向けてみたのです。

現代は、どこか型にはまった発想をする子どもが評価され、型破りな考え方をする子はあまり評価されません。

型破りにも度合いはありますが、私は、型にはまった考え方よりも一風変わった発想の中に才能という原石があるように感じるのです。

「この振り子のような打法はいじらないでください」

とは、メジャーリーグで活躍するイチローを育てた父親の鈴木宣之さんが、イチロー少年の打撃フォームを矯正しようとした中学野球の指導者に語った言葉です。

もし、宣之さんが指導者と一緒になってフォームを矯正していたら、天才打者、イチローは誕生していなかったかもしれません。

それ以前に、野球が面白くなくなって、四〇歳を超えるまで続けられなかったかもしれないのです。

型からはみ出すことはけっしてマイナスなことばかりではありません。少なくとも、子どもらしい奇抜なアイデアやユニークな発想、そして、「今度の日曜、僕（私）、ここに行きたい」などといった意見には、内心、「え〜？」と思うことがあっても、ひとまず、「それ、いいね」で返したいものです。

「うまくなったね」で背中を押す

小学校受験や中学受験を取材していますと、時折、学業成績は良い子なのだが、無口、無表情、無気力、そして無協調の、いわゆる「四無主義」の子どもに出くわすことがあります。

私が「大きくなったら何になりたいのかな？」などと質問しても、ひと言も発せずママの後ろに隠れるような子ども、少し冗談を言って場を和らげようとしても表情をまったく変えない子どももいます。

さらには、志望校に見事合格したのですから嬉々としているはずなのに、はつらつとした部分が見えず、わずかな取材時間も協調することができないのか、「遊びに行ってていい？」などと聞いてくるような子どもまでいたりします。

正直なところ、私はそういった子どもたちの将来が不安になります。それと同時に、わが子には、このような「四無主義」にだけはなってほしくないと切に願ってきました。

これらは、おそらく、親が過干渉気味で、何かにつけて世話を焼いてきたこと、あるいは逆に、受験面以外はほとんど放任してきたことに原因があるのではないかと思います。

親が過干渉の家庭なら、子どもは（僕が何かしなくてもお父さんやお母さんがやってくれる）と思うようになります。

反対に親が放任主義なら、子どもは（私が何かしようとしてもお父さんやお母さんは何もしてくれないので意味がない）と考えてしまうでしょう。

過干渉と放任は、一見、矛盾することのようですが、私が取材してきた中にも、「受験勉強に関しては過干渉、それ以外のことは比較的、放任している」という家庭は案外あるものです。

もう一つ言えば、子どもに「勉強＝面白い」「がんばったらその分、必ず返ってくる」といった実感を抱かせることなく、「合格」という二文字に向けて親子でひた走ってきたことにも原因があるように思います。

ある程度、面白さや楽しさがなければ、子どもは長続きしません。また、自分で成長の手応えを感じ、先に述べた自己肯定感や自信を得る機会がなければ前向きな気持ちになれないものです。

したがって、子どもとは、子ども自身が手応えを自覚でき、それを自信へとつなげていけるような接し方をしていただきたいのです。

とっておきの方法は、勉強面に限定せず、すべての部分で、子どもの進歩をほめるということです。

これは、本書の中で述べてきた「上手なほめ方」にも近い方法ですが、まだ満点とは言えないまでも、以前と比べればマシになった部分を評価してみるのです。

「朝、前よりは早く起きられるようになったじゃない？」

「このところノートを上手にまとめられるようになったね」

「始めた頃よりも計算が早くできるようになって、お父さん、びっくりしたよ」

「走るフォームがきれいになったね、もっと速く走れるようになりそうだね」

このような言葉がけで子どもの背中を押せば、子どもは、（ママやパパはちゃんと見ていてくれる）と思い、

（もっと早く起きてみよう）

（もっと上手にまとめてみよう）

（もっと早く計算ができるようにがんばろう）

（もっと速く走れるように練習しよう）と考えるようになります。

何かがうまくできず、子どもの心が乱れているような場合でも、

「それは悔しいよね。でも、そこまでがんばれたことはえらいと思うよ」

と、子どもの心をいったん受け止めた上で、そこまでの努力を称えましょう。

また、生活態度であれ、勉強や運動、芸術面であれ、「やや難しめ」のことにチャレン

ジさせてみるのも手です。

先にも少しふれましたが、子どもには冒険心があるので、「ちょっと難しそう」というものに好奇心を示し、「まだ年齢的に早い」というものに興味を持つからです。

たとえば、朝、親が声をかければ何とか起きられるようになった子どもに、

「じゃあ、明日から、お母さんが声をかけなくても自分で起きてみようか？　どう？　ちょっと無理かな？」

と声をかけたり、勉強面でも、

「これがもしできたら、すごいことだと思うんだけど、どうかな？」

などと闘争心を少しだけあおってみれば、ややハードルが高いと思えるものでも興味を持って取り組んだりします。

そこでうまくできなくても、「まだちょっと早かったね」とチャレンジしたことをほめてあげればいいのです。

「これができるならあれもできるよ」で攻める

ここ数年、オーストリア出身の社会学者、Ｐ・ドラッカーの経営理論が注目を集めてい

ます。

二〇〇九年には『もし高校野球の女子マネージャーがドラッカーの『マネジメント』を読んだら』（岩崎夏海、ダイヤモンド社）がミリオンセラーにもなりました。

この二〇世紀を代表する知の巨人、ドラッカーの経営理論の中には、子どもを好奇心旺盛な子にするという観点でも応用できる考え方が存在します。

それは、子どもの「得意なこと」や「好きなこと」を伸ばすというものです。

先に述べた「夢中になっていることを応援する」も、この考え方に近いものですが、子どもを観察し、「得意としていること」や「好んで取り組んでいること」をとことん伸ばしていただきたいと思うのです。

もちろん、永遠に「得意なこと」や「好きなこと」だけやっていればいいというものではありません。

社会で生きていくにはバランスのとれた人間にしていかなければなりませんし、その前段階で誰もが必ず経験する受験では、「得意科目を伸ばす」だけでなく「苦手科目」をある程度克服しなければ、志望校合格はあり得ません。

ただ、実社会に出ると、誰にも負けないと思える分野があること、三度の食事も忘れるほど打ち込めるものがあるということは大きな財産になります。受験でも「誰にも負けな

い得意科目」が存在すれば、それは「合格」を勝ち取る上で武器になります。ですから、まず、

「国語はまあまあなのに、それに比べて算数は…」

というケースであれば、

「国語が強い＝子どもには将来の武器がある」

と前向きに考え、子どもにも、

「国語が強いということはすばらしいこと」

というメッセージを送りましょう。

その上で、子どもの「得意なこと」や「好きなこと」を利用し、「得意ではないこと」「好んでいないこと」にも波及させるように仕向けてみてはいかがでしょうか。

「○○ちゃん、国語の読解力がすごいね。算数はもうひとつだけど、その読解力で問題をよく読んでごらん。必ず答えにつながるヒントが見えてくるから」

「理科はクラスで一番か…。えらい！　じゃあ今度は社会科もがんばってみよう。そうしたら二冠王だよ」

このようにお母さんやお父さんが、子どもの得意科目をだしに使ってポジティブな言葉がけをすれば、まだまだ素直に聞く耳を持っている就学前や小学校低学年のうちは、その

気になってくれる確率が高まります。

先に述べた、昆虫にばかり没頭している子どもであれば、「それだけ昆虫博士になれたのだから、歴史博士にもなれるんじゃない？」

また、屋外でサッカーに興じてばかりいる子どもであれば、「短い期間にあんなシュートが打てるようになったんだから、算数なんてすぐできるようになるよ。問題を解くのを、相手のディフェンスをかわすと思えばいいんだから」

こんなふうに、得意分野を軸にして他の分野への興味につなげてみてはどうでしょう。これはひと言で言えば、「これができるならあれもできるよ」という暗示作戦のようなものです。

「そんなこと言われても、うちの子はすべての分野が得意じゃない」という親もいらっしゃるでしょう。それでも、子どもには、その子なりに「得意なこと」や「好きなこと」は存在するものです。

私の娘の場合は、「企画を立てること」や「韓国語に興味がある」ことがそうでしたが、「すごい企画力だね。将来、テレビ局で活躍できるよ。でも在京のテレビ局って入るのが難しいから、テレビ局に入れるように勉強もしなくちゃね」

「何を書いているのかサッパリわからない文字を、よくそんなにスラスラ書けるね。ハングルがそこまで書けるのなら英語なんて楽勝だよ」

この言葉が、どれほど効いたのかはわかりませんが、娘は他の教科も進んで勉強するようになりました。

「子どもの才能、適性を発見するには、誰よりも身近で、誰よりも愛情を持っている親自身が『目利き』でなければなりません」

とは、昭和女子大学学長で『女性の品格』（ＰＨＰ研究所、二〇〇六）などの著書で知られる坂東眞理子さんの言葉です。

親が「目利き」になり、子どもの「得意なこと」や「好きなこと」を見抜いて、他の分野にも生かす…さっそく、試してみてください。

「かっこいい」と「かわいい」は殺し文句

「自分のことくらい自分でしてほしい」

「もう少し、自分で進んで何かをやろうとする子になってほしい」

お父さんやお母さんには、子どもに対して「してほしい」と思えることが山ほどあることでしょう。

そんなときは、「どうしてできないの?」「何度言ったらわかるの?」と叱ったり、大声を上げたりするよりも、まず「お願い」をしてみること、そして次のステップとして「かっこいい」や「かわいい」というフレーズで迫ってみることをおすすめします。

それは職場の人間関係や家庭での夫婦の会話が証明してくれています。

職場で言えば、上司から「これ、急ぎやっといて!」と頼まれるよりも、「忙しい中、申し訳ないんだけど、これ、急ぎやってくれるかなあ」と依頼されたほうが、「じゃあ、やってあげよう」という気持ちになりやすいものです。

夫婦の会話でも、「ちゃんとやっといてよ!」と命令されるより、「仕事で疲れて大変だと思うけど、これだけ、時間があるときでいいからやっておいてくれるとうれしいな」と「お願い」をされたほうが、「やろう」という気分になるはずです。

それは、相手が子どもでも同じで、「早くやりなさい!」「そんなことくらい、自分で考えなさい!」などと命令するよりも、

「ちょっと手が離せないから、自分でやってくれる?」

「算数でも国語でもいいから、好きなほうからやってみてくれない?」

こんなふうに「お願い」されれば、その思いに応えようとしますので、言うことを聞い

てくれる確率が高くなります。

その上で、お母さんやお父さんから発してほしいのが、「かっこいい」や「かわいい」です。

三~四歳の頃から、それらしい遊びや言動をするようになる男の子は、かっこいいかどうかが行動や判断の基準になることがあります。そこを突いてみるのです。

「ちゃんと片づけができる男の子ってかっこいい」

「自分で考えて○○をするなんて、とてもかっこいい」

「算数や理科ができる男の子ってかっこいいよ」

など、「かっこいい」をキーワードに焚きつけてみれば、その響きがストレートに心に響きやすくなるかもしれません。

同様に、女の子の場合は「かわいい」が殺し文句になります。女の子の場合、好奇心より感受性が力の源泉になりますから、

「ちゃんとお片づけができたね、あなたは本当にかわいい子」

「自分から○○をしてくれたなんて…。かわいいあなたがいてくれてうれしい」

このように、愛おしく思う気持ちを伝え続ければ、女の子の気持ちは穏やかになり、素直で気が利く女性へと成長していくことでしょう。

これらの「かっこいい」や「かわいい」は、それぞれ男の子や女の子を前向きな子にするだけでなく、人間としての判断基準を植えつけることにもひと役買います。

現代は、ものの善悪や価値判断の基準が大きく揺らいでいる時代ですが、「今、〇〇ちゃんがやったこと、周りから見て『かっこいい』ことだと思う？」「それって、かわいい女性、素敵な女性がすること？」

子どもが間違った行為をした場合、このようにキーワードを使ってたしなめれば、子どもにとっては厳しく叱責されるよりも心に刺さるはずです。

親がやってみれば子どもも続く

子どもに好奇心を持たせるには、最初のうちだけでかまいませんから、お父さんやお母さんが、子どもと一緒に取り組んでみることが大切になります。

野球にしろピアノにしろ、未体験の子どもは面白さや楽しさを当然知りません。算数にしろ国語にしろ、初めて学ぶ子どもは「何をどうやっていいのか」わからないはずです。

ですから親は、子どもと一緒に学校に入学する、あるいは、スポーツなども一緒に習うくらいの気持ちで接してみるといいと思うのです。

子どもには次のような特徴があります。

○一緒にやりたがる
○まねをしたがる
○認めてもらいたがる
○競争したがる
○ちょっとハードルが高そうなことをやりたがる

子どもの特性を、このように五つの「たがる」で分類してみましたが、実はこの「たがる」をうまく刺激することが大切なのです。

特に「一緒にやりたがる」です。たとえば算数の計算問題で言えば、お母さんやお父さんも一緒に解いてみるのです。

「じゃあ、一緒にやってみようよ。どれどれ、解けるかな…」

こんなノリでいいと思います。子ども一人では何となくやる気が出なかったことが、親と一緒なら、前向きな気持ちに変わる可能性もあります。

「まねをしたがる」も同じで、本の音読で言えば、「もっと感情を込めて読みなさい」など指導するだけでは、子どもは何をどうしていいのかわかりません。そこで親がやってみせるのです。

たとえば、親が先に、登場人物の気持ちを声色の変化で表現しながら読むとか、登場人物の役割を決めて、おじいさん＝子ども、おばあさん＝お母さんというふうに割り振って読めば、子どもにとって手本ができ、読書自体が楽しいものになります。

残りの三つは、本書の中ですでに何度か述べてきたとおりです。

「認めてもらいたがる」は、うまくできた点をほめてやることです。

ピアノの練習が長続きせず、三回通っただけで「行くのがいや」と言い始めた場合、

「ピアノ教室、三回通っただけで、もうやめちゃうの？」

このように詰問するのではなく、

「三回、ちゃんと通えたね。上手になったよ。でも四回、五回と通えばもっとうまくなるよ」

と、これまでできたことをほめ、一緒に通う気持ちになって誘ってみましょう。

「競争したがる」は、お母さんやお父さんとの競争を意味します。

走る練習、バスケットボールのシュート練習、水泳、計算ドリル、漢字テストなど分野を問わず、親子でゲーム性を持たせて競争すれば、子どもは今以上にいきいきと取り組む

ようになります。

最後の「ちょっとハードルが高そうなことをやりたがる」も、繰り返し述べてきたように、子どもの好奇心に火をつける原動力になります。

このように、子どもの「〇〇したがる」特性を利用し、本来持っている積極性を引き出せば、好奇心旺盛で前向きに取り組む子に育ちやすくなると思います。

好奇心はお父さんしだい

一般的な家庭では、お父さんが子どもとふれあう時間のほうが、お母さんが子どもとふれあう時間に比べて少ないものです。

家具・インテリア用品の販売で知られるイケア・ジャパンが、三歳から一二歳の子どもを持つ男女を対象に二〇一三年七月に実施した調査では、次のような結果が出ています。

◆イケア・ジャパン調査「子どもとの生活に関する意識調査」
〇親が子どもと過ごす時間
・お父さん　平日　四・二時間　・お母さん　平日　一〇・一時間

フルタイムで働いているケースが多いお父さんの場合、どうしても平日は子どもとの接触時間が少なく、この調査でも、三七・二%のお父さんが、「子どもと過ごす時間が不足している」と回答しています。

私の感覚では、平日に四時間以上、子どもとふれあうことができているならまだいいほうで、残業などが重なると、「三〇分前後しか接触できない」というお父さんが大半なのではないか、と思います。

実際、内閣府がまとめた「低年齢少年の生活と意識に関する調査」（二〇〇六年）などによれば、お父さんの四人に一人が、「平日は子どもと接触する時間はほとんどない」と答えています。

逆を言えば、接触時間が短い分、お父さんが発する言葉や子どもに見せる態度が、お母さん以上に、子どもに大きな影響を与えることになるということです。

概して、お父さんは娘に甘く息子に厳しい、一方で、お母さんは息子には甘く、娘には厳しい傾向がありますが、子どもが男の子であれ、女の子であれ、その特性を見極めながら、父親力を発揮してみては、と思います。

○男の子の特徴

・熱しやすく冷めやすい　・好きなことには集中できる　・競争したがる

・冒険、難しいことへの挑戦を好む　・くだらないと思えるような遊びが好き

○女の子の特徴

・コツコツ続ける　・夢や憧れを抱きやすい　・人間関係にデリケート

・お父さんから「理想の男性像」を得る　・お母さんのまねをして育つ

子どもとふれあう時間は限られていても、こうした特徴を上手に利用して言葉がけをしてみましょう。

男の子が相手なら、「これ、チョー面白いんだけどやってみる？」で好奇心に火をつけたり、「じゃあ、今度の日曜にパパと勝負だ！」と競争心をあおったりしてみます。一緒におふざけをするのも親子のコミュニケーションでは大事になります。

女の子が相手であれば、「お父さんも今、これに熱中しているんだ」という姿勢を見せたり、「お父さんは小さい頃、○○になりたかったんだ」などと、かつての夢について話して聞かせたりしてみましょう。

とはいえ、「そんな時間も取れない」という忙しいお父さんもいるはずです。ここでは、

一〇分でも一五分でも「これならできるかも」というプランをご紹介します。

○バスタイムを利用する

・男女を問わず、まだ就学前だったり小学校低学年の子どもであれば、お父さんと一緒にお風呂に入るはず。この時間を利用して、保育園や幼稚園、学校で起きた話、お母さんとの間の出来事などを話す時間にする

○ベッドで添い寝タイムを設ける

・お風呂に入り就寝前の時間は子どもも心身がリラックスして何でも話すもの。ここでお父さんの会社であった話をしながら、子どものことも聞き出す時間にする

○夜のお散歩タイムを作る

・夜八時頃までに帰宅できるのであれば、子どもと近所を散歩してみる。家の中とは違う環境で四季を感じながら歩けば、短い時間でも会話が弾む

○伝言板を作る

・ホワイトボードやコルクボードを用意し、伝えたいことをメモで貼り付けておく。子どもは思いを伝えることができるだけでなく、書く力も養えて一石二鳥

わが家では子どもが年中や年長時代、親子で近所をジョギングしていました。お父さんが置かれた状況は十人十色ですが、それぞれの事情に合わせ、無理なくできることからやっていただけたらと思います。

第四章　自分で考え表現できる子どもに育てよう

大切なのは「はみがきよし」の六つの力

子どもが成長していく中で問われるのは、自分で考え、それを言葉や文章で表現する力です。

私などは、在京ラジオ局で、日々、企画を考え、取材や調査を行い、それを番組出演やニュース原稿といった形にまとめて表現する仕事をしていますが、極端なことを言えば、考えて表現できれば「人生はほぼ安泰」と言えるのではないかと思うほどです。

私は典型的な文系の人間ですが、理系の人間であっても、それは同じです。

たとえば、医師であれば、患者の病因や先々の治療法について考え、それを患者やその親族に伝えるという責務があります。

技術者であっても、「どうすればもっといいものが作れるだろうか」と試作を重ね、ある結論にたどり着けば、それを商品化するべくプレゼンテーションしなければなりません。

つまり、「考える力」＋「表現する力」＝生きる力という方程式が成り立つほど、この二つの力は重要な要素になります。

では、この二つの力を子どもに身につけさせるには、どんな習慣が求められるのでしょうか。私は、「はみがきよし」のひらがな六つで始まる要素がとても大切だと考えています。

◆自分で考え、表現できる人間にするために大切なこと

○「はみがきよし」

・は＝話す　親子の日々のコミュニケーションなど
・み＝見る　親子一緒に博物館や美術館でものを見る、本物を見るなど
・が＝書く　親子で何かについて書いてみる、日記を書かせてみるなど
・き＝聴く　相手の話を最後までしっかり聴くなど
・よ＝読む　本を読む、新聞を読むなど
・し＝調べる　何かテーマについて辞典や辞書、インターネットなどで調べるなど

これら「歯磨きよし」の語呂合わせによる「はみがきよし」の六要素は、私のオリジナルではありません。

以前、茨城県境町立静小学校という小規模な公立校にお邪魔した際、当時の校長、倉持博先生が提唱し、「学習のはみがきよし」として児童だけでなく保護者を交えて実践していたものです。

正直なところ、小学校を訪問すると、どこの小学校でも、積極的な児童とそうでない児童がいるものです。

私がゲスト講師としてお話させていただいても、きちんと聞いてくれる子もいれば、横を向く子や寝てしまう子もいるというのが通常のパターンです。

ところが、この小学校は、どの子もとてもはきはきしていて、私の話にも、全員が最後まで集中力を切らすことなく聞き入ってくれたため、「はみがきよし」の効果の高さを実感したものです。

実際、この小学校は、都市部の小学校ではないにもかかわらず、テストの結果も茨城県下で上位の成績を挙げ続けていることで知られています。

それは、「はみがきよし」の奨励によって、知らずしらずのうちに、「はじめに」でも申し上げた「数値では表せない知恵」が、子どもたちの中に育まれた結果ではないかと思うのです。

次の項からは、家庭でもできる「はみがきよし」の具体例を見ていきましょう。

親子そろっての食事の機会を増やそう

シチズンホールディングスが二〇一二年に発表した調査で、親子のコミュニケーションについて興味深い結果が出ました。

◆シチズンホールディングス「親子のふれあい時間」調査（小学生を持つ共働き夫婦を対象、二〇一二年六月）

〇お子さんと会話する時間は一日でどれくらいありますか？

・父親　平日　五四分（※二〇〇七年調査では四八分）

・母親　平日　一時間五五分（※同　一時間四八分）

これを見ると、前回調査に比べ、お父さんやお母さんと子どもとの会話の時間は少しではありますが増加していることがわかります。

これは、「子どもを伸ばすには親子のコミュニケーションが大切」と声高に叫ばれ始めたことや、景気の低迷によって残業時間が減り、働く人たちの帰宅時間が総じて早くなったことなどが要因ではないかと考えています。

いずれにしても、親子でふれあう時間が増加傾向というのはいいことで、是非、皆さんの家庭でも、平日、一時間から二時間程度は、親子でいろいろな話をする機会を意識して確保したいものです。

それはなぜでしょうか。

子どもは、お父さんやお母さんと会話をしている間、脳の働きが活発化するからです。特に前頭葉の部分です。

脳は場所によって働きが分かれています。後頭葉は見えるものを処理する、側頭葉は聞こえるものを処理する、そして頭頂葉は動きや感覚を処理するなどといった具合に役割分担しているのです。

前頭葉はと言いますと、それぞれの場所で処理されてきたものを総合的に組み立て整理するという役割を担っているわけです。

つまり、前頭葉は、成長していく上で必要な問題解決能力を大きく左右する極めて重要な部位になるということです。

ラジオ番組を通じてご一緒させていただいている脳科学の専門家によれば、前頭葉は一〇歳くらいまでにほぼ完成すると言われています。

もちろん、一〇歳以降も少しずつ成長していくのですが、小学校中学年あたりまでに前頭葉をいい形で成長させるには、前述したように、規則正しい生活リズムと食事、適度な運動、そして刺激を与えるという意味で親子のコミュニケーションの充実は避けて通れないものなのです。

会話をするためには、なんと言っても「はみがきよし」の「は」、すなわち、「話す」という行為が不可欠です。

年少や年中あたりの子どもですと、幼稚園や保育園であった出来事などについて、順を追って話すことは難しいかもしれませんが、それでも、食卓を囲みながらの親子の団らん時間があれば、頭の中で言葉をつむいで伝えようとします。

そうすれば、思考力や表現力が養われます。

「今、○○ちゃんが『いきなり長い棒が下りてきた』と言ったのは、『遮断機』って言うんだよ」

などと、子どもがうまく説明できなかった部分をお父さんかお母さんがフォローしてやれば、子どもに語彙力や知識もついていきます。

また、コミュニケーションには、「相手の話をきちんと聞いて理解する」という行為も必要になってきますから、お父さんやお母さん、あるいは兄弟姉妹の話に耳を傾ける習慣が、聞く力や集中力を育てることにもなります。

○年少〜小学校低学年…園や学校であったことを話してもらう、お友だちのことや遊ん

だ中身について尋ねる、今度の休みにどこへ出かけるか話し合う
○小学校低学年～中学年…学校での出来事はもちろん、お父さんやお母さんの職場の話、世の中で起きていることなどについて話し合う
○小学校中学年～高学年…読んだ本の話、新聞に書いてある注目のニュース、将来の夢なども織り交ぜて話をする

子どもの年齢によって会話の内容に差はありますが、まずは食卓やリビングで、家族で楽しく会話をする時間を増やすこと、そして子どもが「お父さんやお母さんと話すのは楽しい」と思える雰囲気を作ること、の二点に留意しつつ、ふれあいの時間を、親自身が楽しんでいただけたらと思います。

「私は仕事が多忙なので、平日は一切無理」という方、休日プラス一日でいいですから、夕食を子どもと一緒に取りましょう。

HOWで質問しよう

子どもに、話す力、考えて表現する力を身につけさせるには、お父さんやお母さんの言

葉がけも重要になってきます。

「その本、面白かった？」

と訊くだけでは、子どもは「うん」か「ううん」の「ＹＥＳ」か「ＮＯ」だけのリアクションになってしまいます。

これは、「学校、楽しかった？」なども同じです。このように訊けば、「うん、楽しかった」や「ううん、つまんなかった」で終わってしまいます。しかし、

「その本、どうだった？」

と尋ねれば、子どもは感想まで考えて答える必要に迫られます。

「面白かった」というワンフレーズの答えが返ってきたとしても、「どこがどう面白かったの？」と次の質問をぶつけやすくなります。

このように、日々の生活の中のさまざまなシーンで、お父さんやお母さんが、子どもの答えが「ＹＥＳ」か「ＮＯ」だけで終わらないような言葉がけ、質問をすれば、子どもは自分の頭で考え、しだいに言葉をつむぐようになります。

言い換えれば、「なぜ、そう思ったの？」とか「どうすればいいと思う？」など、「ＷＨＹ？」や「ＨＯＷ？」で始まる問いかけを続ければ、子どもは少しずつではあっても、「自分は何をすべきか」

「どうすればうまくいくか」

「もっといい手はないか」

などと思考する習慣が身についてくることでしょう。

これは、先に述べた、子どもを叱るケースでも有効です。

夕食の時間が来たにもかかわらず、いつまでたっても遊びをやめない子どもに、

「もうご飯よ。いつまで遊んでるの！」

下の子の面倒を見なければいけないのに、上の子がお風呂にも入らず、だらだらとしている場合、

「ちょっと、いつまで寝そべってるの？　早く風呂に入って寝なさい！」

と言いたくなるケースはよくあります。

こんなときも、

「その遊び、いつ終わりそう？」

「お母さん、○○ちゃんにご飯食べさせなきゃいけないんだけど、お兄ちゃんはどうすれば、お母さん助かるかなあ？」

このように、子どもに考えさせて答えさせるように仕向けてみてください。頭ごなしに言いたくなったときは、あえて先に聞くというのがベターです。

「トイレを汚したまま遊びに行ったみたいだけど、次に使う人、どう思うかなあ？」
「ドアをバタンと閉めたら、ワンちゃん、どう感じるかなあ？」
「お父さん、『おはよう』って声をかけて何もお返事がなかったら、どう思うかなあ？」

このように、「ＨＯＷ」で始まる質問によって、「あとの人のことを考える」「周りのことを考える」、それに「相手の気持ちを考える」というルールを身につけさせることも可能になります。

本物を見せに行こう

続いては「はみがきよし」の「み」＝「見る」についてです。手前味噌な話で恐縮ですが、わが家では、子どもが幼少の頃から本物を見せるということを重視してきました。

親が与えればスイッチが入るという話は先に述べましたが、やはり子どもは、実際に見て、ふれて、自分でやってみて初めて興味を持つことが多いからです。

わが家の場合、本物を見せに連れて行った場所は多岐にわたります。

田植えやジャガイモ掘り、潮干狩りにカブトムシ捕りといった体験ものはもちろん、大相撲、プロ野球、フィギュアスケート、女子レスリング、サッカーの国際親善試合などのスポーツ観戦、ミュージカルに漫才、絵画展や美術展など、枚挙に暇がないほどです。

こうしたイベントは、かつては首都圏や関西圏など大都市圏が中心でしたが、今では県庁所在地をはじめ地方の中核都市でも広く実施されるようになってきましたから、何か子どもの刺激になりそうな催しがあれば、どんどん、子どもを連れ出すことをおすすめしたいと思います。

スポーツで言えば、どんな高性能の大型テレビを購入しようと生の迫力には勝てません。たとえば、フィギュアスケートで、浅田真央選手らがジャンプのあと着氷する際、ドスンという大きな音がすることは、テレビの中継ではわかりません。実際、生で見れば、選手の息づかいまで聞こえますから、優雅に見える氷上の舞いが、実は相当エネルギーを使う競技なんだということを実感できます。

プロ野球のスタジアムで上がるジェット風船も、そばで見ていると、その音や観客の熱気を感じ、大人の私ですら「自分もやってみたい」という気持ちにさせてくれるものです。

こうした経験の数々が、子どもを、

「もっとフィギュアスケートについて知りたい」

「野球選手というよりも、実況アナウンサーになってみたい」

などという気持ちにさせる起点になるように思います。

私の娘が最初、まったく関心を示さなかった大相撲で言えば、

「チケット代、ちょっと高いな」

と思いながら、力士を間近で見ることができるたまり席かます席を買い、一緒に連れて行ったのが興味の始まりです。

両国国技館に行く前に、一度テレビで親子一緒に大相撲中継を見て、だいたいのルールや注目の力士について教えておけば、あとは現場で、力士の大きさ、ぶつかり合う迫力、国技館を埋め尽くした満員の観客につられ、娘もいつのまにか、「きせのさと～」とか「はるまふじ～」などと叫ぶようになっていました。

当然、何を見せるにせよ、お父さんやお母さん、あるいは兄弟姉妹と一緒に見に行くわけですから、見終わったあと会話が弾みます。

「何が一番楽しかった？」

という問いかけに始まり、

「あのとき、巨人はどうすれば勝てたと思う？」

「明日、いよいよフリーの演技だけど、羽生結弦くんは今、どんな気持ちなんだろうね？」

などといった質問をぶつければ、子どもは子どもなりに考え、答えを返してきますから、表現力や推察力の育成にもつながります。

子どもが一〇歳頃になると、ニュースの現場、もしくはテレビで話題になった場所を見せるというのも効果的かもしれません。

ニュースの現場で言えば、東日本大震災の被災地、国会議事堂や都道府県庁周辺などがそれに当たります。

テレビで話題になった場所で言うなら、NHK大河ドラマの舞台、ドラマのロケ現場、新規に開店したショッピングモール、地域の文化施設などです。

とりわけ、ニュースで見聞きした場所に身を置けば、それまでは伝聞でしかなかったものが、子どもにとって実体験に変わります。

「かわいそう」や「気の毒」といった程度の思いしかなかったものが、

「僕が当事者だったら…」

「私にできることはないだろうか…」

など、自分に置き換えて考えることができるようになります。

書く力はこうして伸ばす

では「はみがきよし」の「が」＝「書く」はどうでしょうか。

私のようにマスメディアの世界にいる人間はもちろんのこと、教員、官公庁の職員、会社員、医師、弁護士、研究所の研究員…など、どんな職種に就いても不可欠になってくるのが話す力と書く力です。

私自身、人前で話したり、こうして原稿を書いたりする仕事をしているせいか、極端に言えば、「話せて書ければ鬼に金棒」とさえ思えるほどです。

このうち、話し方についてはこれまで述べてきたことに留意し、子どもから発せられる言葉を急《せ》かすことなく受け止めればＯＫです。

最初は、期待したような答えではなくても落胆したりせず、気長に向き合っていれば、子どもはしだいにしっかりと答えるようになっていきますから、心配はありません。

問題は書く力です。

私はラジオ局に勤務するかたわら、いくつかの大学でも教えてきましたが、いわゆる偏差値が高い大学も、逆に低い大学も、共通して言えるのが、現代っ子は書く力が乏しいということです。

ツイッターやＬＩＮＥ、携帯メールなどでは短い文章しか書かず、レポートを書かせれば、ネット上にあふれる、似たようなテーマをコピペ（＝コピー＆ペースト）し、剽窃《ひょうせつ》行為（＝他人の主張や学説を自分のものとして発表すること）すれすれのレポートを平気で提出してくる学生たち。そんな姿を見ていますと、正直、「社会に出て、新規の企画書を書いたり、プレゼンテーション用の資料などをちゃんと作れるのか？」と心配になってしまいます。

そこで、まだ子どもが携帯電話にもスマートフォンにも慣れ親しんでいないうちに、文章を書くことに抵抗がないようにしておく作戦を立ててみてはどうでしょう。

では、どのようにして習慣づければいいのか、年齢別に見ていきましょう。

○年中～小学一年生

・今日の出来事や楽しかったことを話させてみる

・それを数行の文章でいいので日記としてつけさせてみる

・たとえば、「王子さま、クマ、王女さま」と三つの言葉を使ってお話作りをさせてみる。親も一緒にストーリーを作ってみる

・読み聞かせや音読によって本に親しませ、感想を書かせてみる

○小学二年生～三年生

・四〇〇字くらいは書き込める日記帳を購入し、書かせてみる

・宿題とは別に、童話や伝記を読んで短い感想文を書かせてみる

・宿題の感想文や作文は、親も子どもとは別に書き、お互いの文章を比較しながら、文章の「型」を教える
○小学四年生～六年生
・世の中の動きについて教え、場合によっては現場で本物を見せ、文章を書かせてみる。将来の夢についてまとめさせてみるのもいい

年中から小学一年生あたりまでで言えば、ポイントは、文章の内容よりも言葉や文字に親しませること、そして子どもに「書くことは楽しい」と思わせることです。

「きょうは、ゆかちゃんとこうえんであそんでたのしかったです」

といった程度の文章でも、「それだけ?」などと言ったりせず、

「何をして遊んだから楽しかったのかな?　それも書いてみようか」

「夕日、どんな色をしてた?　えっ?　トマト?　じゃあそれも加えてみよう」

このように親が言葉を引き出し、少し加筆させる感じでいいでしょう。そして、「前よりたくさん書けるようになったね」「上手に書けたね」と自信を持たせる言葉がけもしたいものです。

小学二年生～三年生ぐらいは、「私は○○だと思いました。その理由は…」と、論理的

に表現できるよう、お父さんやお母さんが文章の基本形、言うなれば「型」を教えることです。

「もっとちゃんと書きなさい」では、子どもには何も伝わりません。何が「ちゃんと」なのかわからないからです。

どんなに書くのが苦手なお父さんやお母さんでも子どもよりは書くことに慣れているはずですから、「きょうはえんそくでやまにいきました」と書き始めるよりも、「うわー、くうきがおいしい、ぼくはやまのうえでそうかんじました」で始めたほうがかっこ良く、読む人の印象に残りやすいこと、そして、楽しかったことを「楽しかったです」と書かないで「みんなで思わず叫んでしまいました」など他の表現で言い換える方法など、できる範囲で文章を書くコツを教えましょう。

「読み聞かせ」は活字に親しむ扉

子どもが小学校低学年の頃までに家庭でやっていただきたいことに「読み聞かせ」があります。

「読み聞かせ」の大切さは、多くの教育関係者が口をそろえるところで、あの「今でしよ！」の流行語で知られる予備校講師、林修先生も、私が勤めるラジオ局の番組で、「僕は幼い頃から祖父に、たくさん本や紙芝居を読んでもらい、両親にも好きなだけ本を買ってもらいました。『読み聞かせ』、そして子どもの頃に本に親しむということはとても重要なことです」

と語っているほどです。

成長段階にある子どもは、三歳から五歳あたりの間に思考や論理をつかさどる左脳が発達します。

この時期に、「読み聞かせ」で多くの言葉や表現方法を聞かせること、そして、読み聞かせのあとに親子で本の感想を言い合ったりすることは、思考や論理のメカニズムを働かせる上で大きな役割を果たすことになります。

脳科学者によれば、子どもは一〇歳くらいになると、脳は、歯が生え変わるように劇的に変化し、徐々に丸暗記しないと覚えられない脳に変わっていくそうです。

それだけに、覚えようとしなくても何でも自然に身につけていく幼児期から、お父さんやお母さん、中には、林先生の子どもの頃のように祖父母でもかまいませんが、子どもに本を読んでやり、興味を示した本は買い与え、感想を言い合うようにするといいと思うのです。

これなら、書籍代くらいしかかかりませんから、極めてローコストで、しかも今日からスタートできるはずです。

ただ、「読み聞かせ」を通して、子どもに「本って面白いな」と思わせるには、それなりにコツがあります。

私がおすすめする「読み聞かせ」法は、次のようなものです。

○登場人物や物語のシーンに応じて、声のトーンや読み方を変えてみる
○擬声や擬音はなりきって演じてみる
○子どもが好きな本を五回でも一〇回でも繰り返し読む
○同じ本を材料に、お母さんだけでなく、お父さんも読んであげる
○親子で感想を言い合ってみる

これらのうち、「声のトーンや読み方を変える」や「なりきって演じる」については、「声優じゃあるまいし、それは無理」という方がいらっしゃるかもしれません。

それでも、たとえば『赤ずきん』で言えば、せめてオオカミと赤ずきんのセリフくらいは声色を変えて読んでいただきたいですし、風の「びゅうびゅう」や雨の「ざあざあ」な

どは、その雰囲気を出しながら読んであげてください。

映画やドラマのような効果音は必要ありませんが、それらしく読んであげるだけで、子どもの想像力は、棒読みするよりはるかにかき立てられ、「本って面白いな」と感じ、聞くことへの集中力もついていくはずです。

また、同じ本を何度も読んであげることもポイントになります。

「同じ本を繰り返し読むより、新しい本を読んであげたほうがいいのでは？」とお感じになるかもしれませんが、同じ本に何度もふれることで、子どもはその作品を深く吟味するようになるのでおすすめです。

私たち大人でも、同じ映画を複数回観れば、一回目では見落としていたセリフや主人公の表情の変化に気づいたりすることがありますが、それと同じです。

オスカー・ワイルドの名作『幸福な王子』を例に挙げれば、一回目の読み聞かせでは、ツバメが王子の像からサファイアの目玉を取り出す場面で「こわい」という印象しか残らないかもしれません。

でも、二回、三回と読み聞かせているうちに、王子の慈愛に満ちた心、そしてその言いつけを命がけで守ろうとしたツバメにも思いが及ぶようになります。

付け加えるなら、いつもお母さんが「読み聞かせ」をしている家庭なら、たまには同じ絵本や童話をお父さんが読んでみるのもおすすめ。

声のトーンが違えば、抑揚のつけ方も違いますから、子どもにとっては新鮮に聞こえ、ストーリーに関しても新たな発見をするかもしれません。

子どもを活字に親しませる意味では、親が新聞を読む習慣も大切です。

子どもには難しい内容でも、「これはこんなことが書いてあるんだよ」と説明したり、お天気の部分だけでも一緒に眺めてみるといいと思います。

小学生あたりになれば、朝日小学生新聞などを購読してみると、親子で世の中について学べるので一石二鳥です。

お父さんやお母さんが本を読もう

ＯＥＣＤ（経済協力開発機構）が三年ごとに実施している生徒の学習到達度調査（＝ＰＩＳＡ）。二〇〇〇年には、世界のトップレベルにあった日本の子どもたちの「読解力」「数学的応用力」、そして「科学的応用力」が、「ゆとり教育」の影響で、二〇〇三年、二〇〇六年と順位を下げ、教育界や保護者の間に衝撃が走ったのは記憶に新しいところです。

しかし、二〇〇九年の調査で学力低下に歯止めがかかり、二〇一二年の調査では、一時、

ＯＥＣＤ加盟国の中で一五位まで落ちた「読解力」が六五の国と地域の中で四位と、二〇〇〇年調査時の八位を大きく上回る水準にまで回復しました。

この背景には、学校側が、文部科学省の「読解力」強化の方針を受け、始業前に読書の時間を設けたり、新聞などを題材に意見を発表したり、自分の考えを書かせる機会を増やしたことがあるように思います。

しかし、学力低下に歯止めがかかった二〇〇九年の調査結果で見ますと、「小説を読む」と答えた生徒たちの平均点が五四八点（ＰＩＳＡの得点はＯＥＣＤ加盟国の平均が五〇〇点になるよう調整してある）、「新聞を読む」と答えた生徒たちの平均点が五三一点だったのに対し、「読まない」と答えた生徒たちの平均点は、それぞれ、五〇一点、五〇六点に留まり、成績上位層と下位層とで二極化しつつある実態も明らかになってきています。

そこで重要になってくるのが、家庭内で活字に接する機会が多いか少ないかという点です。もっと言えば、親自身にそういう習慣があるかないかということです。

最初から本や新聞を好きになる子はそうそういません。

先の項で述べたように、親が読み聞かせをしたり、新聞を読みながら何が書かれているかを話して聞かせる習慣が、子どもに活字への興味を持たせ、読解力の育成につながっていくように思うのです。

では、どのようにすれば、子どもは活字好きになってくれるのでしょうか。

皆さんの中には、「親である自分が本をあまり読まないのに、子どもに読めというのは難しい」などと感じている方もいらっしゃるかもしれませんが、やはり、親が、子どものためというよりも自分を磨くためとでも考え、努めて本と接する機会を増やせば、その習慣は子どもにも波及します。

今からすぐにできることとして、次の四つを例示しておきましょう。

○親子でショッピングモールなどへ行く際は必ず書店に寄る
・どんなジャンルでもいいので、親が気に入った本を見つけるところから始める。
○親子で一緒に読めそうな本を探す
・小学校低学年までであれば、読み聞かせできそうなものを探し、それ以上の年齢であれば、両親のどちらかと回し読みができそうな本を子どもと一緒に探してみる。
○夕食後、親が本や新聞など活字を読む機会を作る。
・テレビやインターネットが本や新聞を読む時間を奪うため、一日一五分でかまわないので、映像メディア以外で活字と接する時間を設ける。
○リビングに小さな本棚を置く

・身近に気に入った本があるという環境を作り出すために、家族が集うリビング周辺に、
　家族それぞれのお気に入りの数冊を置く。

先にも述べたように、子どものためにと考えてしまいますと、元来、本好きでないお父さんやお母さんにとってはストレスになります。読書や新聞購読を「自分の成長のために」ととらえてみることです。

これらすべてを実行する必要はありません。一つでも二つでも実行すれば、親子ともども数か月のうちに活字を読むことに抵抗がなくなるはずです。

特にお気に入りでもないのに、何となくバラエティ番組が映し出されていたテレビ、ただ時間つぶしに漫然と見ていたインターネットの電源が消えていることが当たり前になってくることでしょう。

そして、一緒に同じ本を読む、あるいは、新聞に書かれている内容について親子で話をする機会があれば、子どもに感想を求めてみるといいでしょう。

ただ読ませるだけでは、読んで理解するという読解力には必ずしも直結しませんから、考えさせることも重要になってきます。

ただ、その際、注意したいのは、お父さんやお母さんからみて、突拍子のない意見や変

わった感想でも否定しないことです。

答えは一つとは限りませんし、多様な感想があっていいので、本の内容や新聞記事について考えさせ、表現させることに重きを置きたいものです。

親子で一緒に調べる習慣を

二〇一四年二月、万能細胞とされるSTAP細胞をめぐる問題で、論文の中身に疑惑が浮上し社会の一大関心事となったことは記憶に新しいところです。

先に述べたように、近頃、大学生の中に、教授陣からレポートの課題を出されると、インターネットで検索した他人の論文や先行研究の内容をそのままコピー&ペーストするケースが増えています。

私が教えてきた大学、あるいは院生として学んでいた大学でも、教授陣から「実に嘆かわしい」という言葉をしばしば見聞きしてきました。

このコピペという行為は、それほど悪意はなくても引用の域を超えた剽窃です。レポートや論文などで剽窃行為が発覚すれば、その評価はゼロどころかマイナスになってしまいます。

ただ、残念なことに、他人のものを何の罪悪感もなく安易にコピーするという姿勢は、社会人になっても継続する恐れがあります。

在京ラジオ局でニュースデスクや番組プロデューサーをしている私は、若いディレクターや放送作家らに、「企画のネタを出すように」と発注するのが仕事の一つですが、ここでも他局の企画の焼き直しやネットに掲載されている記事をただ貼り付けてきたような企画が圧倒的に多いのです。

これでは通用しません。

仮に私の目をくぐり抜けたとしても、そして通用できたとしても、視聴者や聴取者から、「この話、先日、別のテレビ局でやっていたネタだ」と非難されることになります。

そんな人間にしないために、私は「ＰＰＰ」という手法を子どもが小学生のうちに習得させてほしいと思うのです。

「ＰＰＰ」という表現は、官民パートナーシップ（Public・Private・Partnership）の略として使われることが多いのですが、私が言う「ＰＰＰ」は次のようなものです。

○「ＰＰＰ」とは

・Ｐ＝Plan　　研究対象や調査対象を決める　→テーマ設定

・P＝Practice　実際に研究、調査してみる　→情報や資料の収集、評価、分析
・P＝Promote　発表する　→思考、結論、発表

これら三つは、先駆的な大学で、「社会に出る前の学生に身につけさせたい要素」として実施されているものです。

たとえば、法政大学では、二〇〇四年度から図書館員と教員がタッグを組んで、学生を社会に出て活躍できるようにするため、学生への学習支援を実施しています。

その内容は、研究テーマを見つけ、情報や資料を入手して分析し、結論を導き出して発表するという、まさに、「ＰＰＰ」そのものです。

慶應義塾大学でも二〇〇五年度から、学生が自由にテーマを設定し、データの収集や利用法などについて教授のアドバイスを受けながら研究レポートをまとめていく「アカデミック・スキルズ」（＝通称、アカスキ）と題した授業が設けられています。

学部の垣根を超えて、教員や学生が集まり、それぞれが「バカボンのパパはなぜバカでなければならないのか」や「『わかる』とは何か」といったユニークなテーマで調査し、最終的にはプレゼンテーションまで持っていくというものです。

自分でテーマを決め、調べて考え発表する…その素地をそれぞれの家庭で子どもに身に

つけさせていただきたいと思うのです。

○家庭で簡単にできる「ＰＰＰ」例
・Ｐ＝Plan　夏休みの家族旅行先を家族で意見を出し合って決めることにする
・Ｐ＝Practice　「僕は箱根」「私は京都・大阪」「お母さんはハワイ」などと意見を出し合い、なぜそこなのか、観光スポット、気候、日程や費用について調べる
・Ｐ＝Promote　その結果を家族みんなで発表する

「ＰＰＰ」を実行するのは夏休みの自由研究でもいいですし、気になるニュースについてでもかまいません。

最初、子どもは、調べ方がわからず、調べて答えを見つける楽しさも知りませんから、お父さんやお母さんが「一緒に調べてみよう」という姿勢を見せ、「調べる　→発見する→楽しい」と思わせるように導いてあげましょう。

できれば、ネット検索だけに頼らず、辞典や辞書、地図やパンフレットなどを使い、「努力すれば答えにたどり着く」という意識を持たせるのも効果的です

お手伝いは自立への近道

以前、私が首都圏の有名中学合格者の親を対象に実施した調査を見てください。

◆首都圏有名中学合格者アンケート（二〇〇五〜二〇〇九年調査　※サンプル数は一〇〇で複数回答）

○小学生時代、勉強以外に意識してやらせたことは何ですか

・一位＝スポーツ　六二人　・二位＝お手伝い　五三人　・三位＝規則正しい生活　五一人　・四位＝身の回りのことは自分でする　四四人　・五位＝音楽・芸術面　三二人

これを見ますと、「お手伝い」や「身の回りのことは自分でする」を励行させてきた家庭が多いことに気づかされます。

これらはいずれも、生きていくための知恵を育むばかりか、自立への扉を開くきっかけになるものだからです。

たとえば、母親の夕飯作りを手伝えば、「冷蔵庫の中にあるもので何を作るか」という

思考力や創造力が磨かれます。

カレーやシチュー作りは特におすすめです。

手を切らないように下ごしらえをする中で集中力も身につき、盛りつけを工夫することで表現力まで養われます。

食後の後片づけまで手伝わせれば、「水を無駄に使わない」「きちんと水を切って食器棚に収納する」などの意識も芽生えてきます。

玄関の掃除のお手伝いをすれば、「くつ箱もきれいにしよう」などと自主的にプラスαの作業をするようになりますし、「身の回りのことは自分でする」を徹底させれば、ランドセルの中身を詰めるのも、自分の衣服をたたむのも、集中してやるようになることでしょう。

私は、生きる力育成の究極の目標は、子どもを偏差値の高い学校に入れることではなく、しっかりと自立させることにあると思っています。

その意味で言えば、日々の家庭での営みが、そのまま、子どもの自立度に反映されていきますから、気づいたときだけお手伝いを頼んだり、「自分のことぐらい自分でしなさい」と叱ったりするのではなく、親の方針として、お手伝いを進んでする子、自分のことは自分でできる子にしておくべきなのではないかと思うのです。

そのコツは、子どもが「簡単にできそう」と思えるものから始めることです。

首都圏を中心に幼児向けの学習教室「花まる学習会」を手がける高濱正伸さんは、『一〇歳までの子育ての教科書』（共著、アスコム、二〇一二）の中で、子どもに手伝わせたい具体例を挙げています。

○りんごの皮むき＝できるだけ薄く長くむけるように練習させると刃物を持つときの力の入れ加減がわかり、手先も器用になる。
○風呂掃除＝どうすれば効率よくきれいにできるかを考えるようになる。
○ふとんたたみ＝押入れの奥行きや幅に合うようにたたむために試行錯誤できる。

これらは「簡単にできそう」に見えて、実際にトライすると案外難しいものです。こうしたものを任せることで、子どもの自立心を育ててみてはいかがでしょうか。

第一ステップとしては、「○○ちゃん、玄関のくつをそろえといて」など、一つのことをきちんとさせるところから始めることです。

それができるようになれば、第二ステップとして、少し高度な頼み方をしてみるといいかもしれません。たとえば、

「○○ちゃん、駅前のスーパーで牛乳とたまご一パック買ってきて。それと郵便局でこれを出してきて」

と一度に複数の用事を頼んでみるのです。そうすれば、子どもは、どう動けば効率的か考えるようになります。「庭の草むしり」といった一日では終わらない分量のものを依頼する手もあります。

本章のテーマである「はみがきよし」で言えば、お手伝いをさせることで親子の会話が増えます。食材でもお風呂でも、対象となるものをしっかり見るようになります。

レシピをメモにしたり買い物の購入品リストを作ったりと書く機会も増えますし、お父さんやお母さんからの注意点やお願いをきちんと聞く、料理本に目を通す、スーパーのどこに何が置いてあるか、A店とB店のどちらが安いかを調べるといったことも可能になりますから、お手伝いはどんどんやらせてみてください。

第五章　誰とでも協調できる子どもに育てよう

一人っ子の伸ばし方

言うまでもなく、人間は一人では生きられません。社会に出て仕事をすること一つとっても、上司や同僚、取引先など多くの第三者のお世話になっています。

周囲の人間と協調できることこそ、社会で生きていく上でもっとも重要な要素になるということです。

本章では、この「誰とでも協調できる」をキーワードに、生きる力をつけさせるコツについて考えていきましょう。

まずは、協調性がない代名詞に使われやすい一人っ子についてです。

厚生労働省が発表した最新の出生率（二〇一三年六月発表）で、一人の女性が生涯に産む子どもの数は一・四一と、前年に比べ〇・〇二ポイント増えたことがわかりました。

とはいえ、「子どもが二人いる」という家庭があれば、それ以上に「うちは一人」という家庭がある現状は変わらず、本書をお読みの皆さんの中にも、「うちは一人っ子」というお父さん、お母さんは多いのではないかと思います。

さて、子どもが一人っ子だった場合、どういう点に留意して子育てをすればいいのでしょうか。一人っ子の特徴から考えてみたいと思います。

○身勝手、わがまま、自己中心、独善的
○独占欲が強く、分け合うことを嫌う
○甘やかされて育っている
○マイペースで競争するのが苦手
○協調性がない

いずれもネガティブなイメージです。私自身も一人っ子なので、いずれも身に覚えがありますから、これらのイメージはおおむね当たっているのではないかと思います。

一人っ子は、両親から欲しいものを欲しいときに与えられ、しかもそれを独占できる「強み」があります。

お父さんやお母さんからしてみれば、後にも先にも愛しい子どもはその子だけですし、何人もの子どもを育てるよりは時間とお金に余裕がありますから、特に乳幼児期は、かけがえのない息子や娘を王子さまや王女さまにしてしまいがちです。

また、兄弟姉妹で競い合う機会もなければ、協力し合う習慣もないので、先に挙げたイメージそのままのキャラに育ってしまう可能性もあります。

しかし、一人っ子が持っている要素にも見るべきものは多々あります。

一つは、親からいろいろ与えられて育つことで、何人も兄弟姉妹がいる子どもよりも多くのチャンスに恵まれるということです。

お父さんやお母さんへの依存心が強い反面、自信を持てば自立も早く、自己中心的であるがゆえに行動力や独創性に富む側面もあります。

兄弟姉妹との競争がない分、がつがつせず、おっとりした子どもに育つ可能性も多分にあります。

ですから、「うちは一人っ子」という家庭では、そのプラス面とマイナス面を理解した上で子育てを楽しんでいただけたらと思うのです。

ひと言で言えば、一人っ子が普通に育てば持ってしまうであろう欠点を極力抑え、一人っ子だからこそ持てる長所を武器に変えるという作戦です。先に挙げたイメージを例に述べてみましょう。

○「身勝手、わがまま、自己中心、独善的」の改善　↓複数の子どもと遊ばせる、学校、幼稚園、保育園以外のお友だちとふれあう機会を作る

○「独占欲が強く、分け合うことを嫌う」の改善　↓お友だちを自宅に招くなどして、

おやつを分けて食べたり、ゲーム機器をシェアして使う機会を設ける

○「甘やかされて育っている」の改善　↓習い事などを通じ、「できた喜び」と「できなかった悔しさ」を体得させる、がまんすることや待つことを教える

○「マイペースで競争するのが苦手」の改善　↓お父さんやお母さんが、子どもの領域（空間、時間、食べ物の好き嫌いなど）をあえて崩す、お父さんやお母さんと競争する機会を作る

○「協調性がない」の改善　↓家族で分担して料理などを作る機会や、農業体験や工作教室など複数の人間で作業する場を増やす

一人っ子にとっては、身近にいる家族、つまり、お父さんやお母さんの接し方がキャラクターの形成を大きく左右します。過保護にならず、また放任も避けて、小さな試練をいくつも与えながら、自立心を刺激し、独創性や争いを好まないといった長所を伸ばすようにしてみましょう。

複数の子どもとの向き合い方

ここまでは一人っ子との向き合い方について述べてきました。今度は二人、あるいは三人以上のお子さんをお持ちの家庭に向けての話です。

兄弟姉妹がいる子どもの場合、次のようなメリット&デメリットが考えられます。

○メリット

・家庭内で両親以外に話し相手、遊び相手がいる
・兄弟姉妹がいると競争相手になるので切磋琢磨できる
・兄や姉から世の中の仕組みやルールを知り、弟や妹に教えることもできる
・弟や妹の世話を通じ、いたわりの気持ちを持つことができる
・甘やかされず身勝手も許されないので、わがままになりにくい

○デメリット

・兄弟姉妹と自分を比較し、劣等感や優越感を抱きやすい
・両親の注目を自分に集めたいと思うようになりやすい
・兄や姉の様子を見て、大変そうなことは回避しようとする

・悪い遊び、汚い言葉を覚えるのが早い
・上の子は「自分ががまんしなきゃ」と考え、下の子は「甘え上手」になったり、逆にいつまでも子ども扱いで無力感を覚えやすくなる

メリット&デメリットは、人数、同性の兄弟姉妹かどうかでも違いますが、まず「子どもは二人」というケースで考えてみます。

上の子は、下の子が生まれるまでは一人っ子と同様、お父さんとお母さんの愛情ならびに注目を一身に浴びて育ちます。

ところが弟や妹ができた瞬間、「お兄ちゃんでしょ！」「お姉ちゃんなんだから…」などと突き放されるようになり、困惑してしまうのが上の子の特徴です。

それを乗り越えれば、しっかりした子に成長しますが、逆に、「僕ががまんしなきゃ…」「私が抑えなければ…」と、やりたいことや言いたいことがあってもセーブしてしまう可能性が高いのも上の子の特徴です。

逆に下の子は、両親にとっては二番目の子どもですから、上の子ほどかまってもらえないケースが多くなります。洋服なども、上の子は新品なのに自分はお下がりとなると、「お兄ちゃん（お姉ちゃん）はずるい」という不満を持ったりします。

そのくせ、上の子が、たとえばお受験向けの教室で苦労していたり、ピアノで四苦八苦しているのを見ると、「自分はやりたくないな」と避けて通ろうとしたりして、上の子からは「ずるい」と思われたりもするものです。

これらの傾向は、二人の子どもが兄弟、姉妹の同性の場合、特に顕著です。兄妹のケースなら、妹は第二子とはいえ長女ですから、兄のダメな部分を見て世話を焼いたりするしっかり者に育つケースもありますし、姉弟の場合は、世話焼きの姉と甘えん坊の弟という図式が当てはまるパターンも多いものです。

いずれにしても両親は、上の子と下の子、それぞれの気持ちを考えながら向き合うことが大切で、どちらかをひいきしたような態度を取ったり、あるいは、「上の子にもやらせたのだから下の子も…」と、同じ型にはめないほうがいいでしょう。

三人以上、お子さんがいる家庭の場合、気をつけるべきは真ん中の子と末っ子です。というのも、上の子の心理状態は二人兄弟（姉妹）でも三人兄弟（姉妹）でもそれほど変わりませんが、真ん中の子と末っ子では大きく異なるからです。

○真ん中の子の特徴

・上の子と末っ子にはさまれて埋没しがち

・上の子や下の子よりも「目立とう」精神が強くなるケースや、「自分は自分の道を行く」という気持ちを生じさせやすい
・甘えることも甘えさせることもできる反面、上の子にも下の子にも不満を抱きやすい
○末っ子の特徴
・甘え上手の反面、上に二人いることで閉塞感を持ちやすく、「二人はできるのに僕（私）はできない」といった劣等感も抱きやすい
・いつまでたっても子ども扱いでリーダーシップを取る機会がないので家庭内では受け身、その反面、外では負けん気を発揮しやすい

お父さんやお母さんからすれば、「三人に目を向けている余裕がない」というのが実情かもしれませんが、ときには、それぞれの子どもの気持ちに配慮し、真ん中の子どもとだけ遠出をするとか、ときには末っ子だけとお風呂に入るなど、子どもと一対一になれる時間と特別な関係を築くことができる空間を作ってみてはどうかと思います。

子ども社会は大人社会の縮図

先にもふれましたが、最近の子どもには「サンマ（＝三つの間）がなくなった」と言われます。今、一度説明しますと、この三つの間とは、時間、空間、仲間です。

特に、この先の人生で不可欠となる協調性を養うには、仲間とどううまくやっていくかという体験の積み重ねが重要になります。

その意味で、子どもには、近くの公園などで集団遊びをさせる、とりわけ近所の年上の子どもと遊ばせる機会を、意図的に作り出していただけたらと思うのです。

外遊びをする際、通常は年上の子どもがリーダーシップをとってルールを作ります。

「野球なら三アウトでチェンジだけど、三角ベースボールは二アウトでチェンジな」

といった感じにです。

「え〜、二アウトでチェンジなの？　変だよそれ」

と感じても、リーダーが決めたルールとは上手に折り合いをつけていかなければ仲間に入れてもらえなくなります。

年下の子どもも含めて、みんなでルールを決めるような場合でも、自分の主張だけ通そうとせず、周りの子どものアイデアにも耳を傾けながら、一つの結論に落とし込んでいく作法も要求されます。

私が前にも「年上の子どもと遊ばせよう」と述べたのは、協調性を育む上で効果的だと思うからです。

もう一つ、おすすめなのは、子どもの「夢友《ゆめとも》」を作るということです。「夢友」とは文字どおり、夢や目標を同じくする仲間という意味です。

トップアスリートを例に考えてみましょう。

アスリートが自分の技量を磨こうとする際、一人で自主トレをやるケースは少ないものです。チームメートやコーチなど複数で合宿に入り調整するケースがほとんどです。

現役時代、つねに二人以上で自主トレを行っていたある野球解説者によれば、

「一人だと、『疲れた』『しんどくなった』を理由にすぐやめちゃうし、目標にするものもないから」

というのが大きな理由だそうです。

陸上にしろ、複数でトレーニングをする選手が多いのは、二人以上いると、わがままが通用せず、他の選手のがんばりにも刺激を受け、「全員で勝利を勝ち取ろう」というムードが醸成されるからです。

子どもも同じです。子どもは放っておくと、「食う」「寝る」「遊ぶ」に終始してしまい

ますが、年上の子どもやライバルとなるような同級生がいれば、ルールだけでなく、夢や目標を決めるようになります。

少年野球チームで言えば、「地区大会で優勝しよう」だったり、ピアノ教室で言えば、「今度のコンペティションでいい成績を取ろう」だったりします。

また、チームメートとは仲良くしつつ、「絶対、レギュラーを取る」という思いが芽生えたり、

「二つ上の○○さんに教えてもらいながら、いつかもっとうまくなってみせる」

といった闘争心のようなものまで生まれたりします。

一人っ子はもとより、兄弟姉妹がいる子どもでも、一歩外に出ると、わが家でのルールが必ずしも通用するわけではないことに気づきます。

自分のお兄ちゃんやお姉ちゃん以上に、すごい子がいることにも気づかされますから、そうした中で、子どもは協調性や向上心を養っていくようになるのです。

また、子ども同士であれば、悩みも実感として共有できますから、相手の気持ちに配慮したり、自分より強い人間に「負けたくない」という思いを抱くと同時に、弱い人間に対しては手を差し伸べるようになったりもします。まさに子ども社会は大人社会の縮図なのです。

ですから、お父さんやお母さんには、近所の年上の子どもとふれあう機会を意図的に作る、あるいは、年上の子どもも含め、多数の子どもたちが集まる環境に身を置かせるといった配慮をあらためてお願いしたいと思うのです。

協調性プラスαが身につくという点では、チームで行う球技がおすすめです。

野球やサッカー、バスケットボールにバレーボールなどスポーツにはルールがあります。上級生もいれば下級生もいますし、上手な子もいれば下手な子もいます。監督やコーチといった親以外の大人もいて、会社組織に似た構図になっていますから、子どもの社会性を育てるにはもってこいだと思います。

スポーツですから、当然、体力もつきますし、グラウンドやコート全体を見渡しながら相手チームのスキを突くといった経験などで、瞬時の判断力なども身についてきます。

あいさつは人間力の基本

第二章の中で、子どもを素直な性格の子に育てる方法として、家族間で「あいさつを大きな声で明るく交わす」ことの大切さに言及しました。

あいさつは相手の存在を認め、尊重し、仲良くしたいというサインであり、お父さんやお母さんが、「おはよう」や「行ってらっしゃい」「おかえり」などの声がけをすることで、子どもも「自分は親に大切にされている」と実感するようになるからです。

あいさつは、協調性を育む上でも重要な要素になります。

皆さんの職場やお住まいの地域などでも、「こんにちは」と声をかけても、返事がない人物が必ず存在するはずです。私の職場にも「おはよう」すらろくに言えない人間が何人もいます。

「この人、まともにあいさつもできないのか？　じゃあ仲良くしてやらない…」

そう感じたことは一度や二度ではありません。

特に「オアシス言葉」と呼ばれるあいさつは、周囲の人間と上手に付き合っていく上で欠かすことができないものです。

○「オアシス言葉」とは

・オ＝おはようございます
・ア＝ありがとうございます
・シ＝失礼します
・ス＝すみません

それぞれ、あいさつする側、される側の気持ちを明るくする言葉、感謝の気持ちを端的に表す言葉、相手に配慮する言葉、そして、素直な姿勢を表現する言葉として、コミュニケーションの基本となる言葉です。

前述したように、人間は一人では生きていけず、子どもで言えば、お父さんやお母さんをはじめ、多くの第三者の力を借りながら学び成長していくものです。

学校や塾の先生、スポーツチームの監督やコーチ、習い事の先生やインストラクターなど、子どもを取り巻く多くの他人から、

「この子は明るくていい子」

「礼儀正しい子」

など、好印象を持ってもらえた子どものほうがコミュニケーションは円滑に進み、目をかけてもらえるようにもなるものです。

特に、「目をかけてもらえるようになる」はポイントです。どんな世界にも「引き」はありますから、明るくきちんとあいさつができる子どものほうが大人にはかわいがられ、同じ実力の子どもが数人いるとすれば、

「いつも明るいこの子をレギュラーに…」

「今度の発表会には、この子をメインに選んでみよう…」

というようにチャンスを得やすくなります。

その意味で、会話の第一段階となる「おはようございます」は、「こんにちは」や「こんばんは」などと同様に、明るく大きく発声することが求められるのです。

次の「ありがとうございます」も、後半の「ございます」が尻すぼみに小さくならないよう、一〇個の音をはっきり発音することが大切です。

相手の顔を見て、心を込めて「ありがとうございます」が言える子にするために、お父さんやお母さん自身が、日頃から、誰かに何かをしてもらった際には、この一〇個の音をきちんと発する習慣を身につけておきたいものです。

また、「失礼します」も、相手に配慮する言葉で、場の空気を読めているかどうかのバロメーターになる言葉として重要なものです。

子どもは概してマイペースなものですが、この先も自分のことしか考えていない人間にしないために、「今、会話に割り込んでいいときか?」や「部屋に入ってもいいタイミングか?」を、お父さんやお母さんは、日常生活の中でケーススタディとして教えておくべきです。

最後の「すみません」は、先に述べた「素直な性格」にするための第一歩となる言葉です。

先生やコーチがせっかく的確なアドバイスをしても、「ふーん」で終わらせたり、「うるさいなあ」と感じてしまうと、そこからの進歩は望めません。才能があっても宝の持ち腐れで終わってしまいます。

素直に非を認め、次に生かす子にするためにも、「すみませんでした」や「ごめんなさい」が言える子にしておきたいものです。

どの言葉も、親が使っていれば、子どもも自然のうちに見習うようになりますから、まずはお父さんやお母さんが、あいさつ名人を目指しましょう。

家族で役割分担を決めてみる

生きる力を育てる上で求められる親の姿勢は、三つの「M」で言い表すことができます。三つの「M」とは、「待つ」「任せる」、そして「見守る」です。

すぐに手助けしたり、「ああ、もう私がやったほうが早い」と思ったりしがちですが、モタモタしていても待つ、心配でも任せる、うまくできるかどうか不安でも見守るというスタンスは持っていたいものです。

協調性のある子に育てるという意味では、家庭内で、子どもに一定の役割をさせることもポイントになります。

第三章でお手伝いの重要性についてふれましたが、そのお手伝いにしても、

「今月、長男はトイレ掃除担当」

「次男は、くつの整理を含めて玄関をきれいにする担当」

といったように、月単位、もしくは週単位で係を決め、

「習い事でできない日もあるだろうから、そんなときは長男と次男で話し合って、助け合うようにしなさい」

などとルールを決めておけば、兄弟姉妹で協力し合うようになります。

反抗期に入ったり、部活動が本格化したりする中学生くらいから始めようとするとなかなかうまくいきませんから、子どもが小学校低学年か中学年くらいまでに習慣化させておくといいかもしれません。

お父さんだけでなくお母さんも働いている家庭で言えば、子どもの年齢に応じて、手伝えそうなことはお願いしてみましょう。

○子どもに手伝わせたいもの

・難易度1＝玄関から新聞を食卓まで取ってくる、植物に水をやる、ペットにえさを与えるなど
・難易度2＝ご飯の配膳や片づけ、ゴミ出し、トイレやお風呂の掃除など
・難易度3＝洗濯物の取り込み、食器洗いなど

難易度で考えるとこのようになりますが、子どもを含め、お父さんも、家事と仕事で追われているお母さんのフォローができれば、家族全員で助け合う空気が醸成されるはずです。

「家族間で助け合ってきた子どもは、組織の中でもリーダーシップがあり、部活動などでも後輩への面倒見がいい。勉強面も集中して辛抱強く取り組む子どもが多いので、入学してからの伸びシロが大きいように思います」

これは、ある有名私立中学校の関係者の言葉です。また別の関係者も、「自立が早く、精神的なタフさがある」と語っています。

私もこれまで、共働き世帯の子どもを数多く取材してきたので、これらは極めて的を射ている指摘だと思います。

球技、とりわけラグビーではしばしば、「Ｏｎｅ　Ｆｏｒ　Ａｌｌ」（＝一人はみんなの

ために)、そして「All For One」(=みんなは一人のために)の精神が重要だと言われます。

その意味では、夕食後の片づけを例に言えば、忙しいお母さんを全員でサポートするために、

「月水金はお母さん、火曜と木曜はお父さんと子どもたちで食器を洗う」

などというように、具体的に分担を決めておくのもいいのではないでしょうか。

もちろん、お父さんには、想定していなかった残業や出張、不意の飲み会などがあり、子どもたちにも、大量の宿題をこなさなければならない日や習い事で遅くなる日などがありますから、ルーティンどおりいかない日もあるでしょう。

そういうときこそ、お互いをフォローし合う習慣があれば、家族の結束力が強くなり、子どもたちも「家族の一員」という自覚を持って成長していくはずです。

「ないものを嘆くな。あるものを生かせ」

これはパラリンピックの精神です。

お母さんが仕事で忙しい、あるいはお父さんが多忙で家事への協力が期待できないなど、家庭によって事情はさまざまで、勉強の手ほどき、習い事への送迎、それに日々の食事作りなど、満足にできないという家庭もあることでしょう。

しかしその分、家族で補い合い、「一人はみんなのために」「みんなは一人のために」という習慣が、ある程度、家庭内で定着すれば、子どもは家庭の外でも誰とでも協調できる子へと成長していくように思います。

野外で自然体験を

協調性のある子に育てるには、野外での自然体験がおすすめです。子どもを海や山に連れて行き、アウトドア体験をさせることです。

代表格は、キャンプ場などを利用し、バーベキューを楽しんだりテント生活を経験してみたりすることです。

アウトドア体験は、子どもたちにとって非日常体験ですから、それだけでワクワクします。ワクワクする分、普段は「お手伝い、お願いね」と言われ、「えー？　手伝うの？」などとしぶしぶ行動に移しているような子どもでも、お父さんやお母さんの指示に素直に従います。

ですから、複数の人間で役割分担し、何かを作り上げるという作業がやりやすくなるのです。

「お父さんと○○ちゃんは火を熾《おこ》して！　お母さんと△△ちゃんはカレーの材料を切って準備をするから」

といった具合に、です。

火を熾す役割を担ったお父さんと子どもとの間でも協力体制が必要になってきます。子どもは薪になりそうな木や枝を集め、お父さんはそれを細かく切るなどして着火しやすくしたり、風が吹いている中でも火を熾したりする作業が求められます。

テントを張るにしても、フレームポール（＝テントを支える柱）の担当、アウターテント（＝天幕）の担当、ペグ（＝杭）で固定する担当など、家族数人で協力し合うことになります。

遊びたい気持ちを抑えて、まずやるべきことを助け合ってするという行為の連続になりますから、協調性を養うには貴重な場になるはずです。

加えて、自然への興味を芽生えさせたり、普段、どんなに便利な生活をしているかを再認識させたりする絶好の機会にもなりますから、野外での自然体験は一石二鳥と言えるでしょう。

トレッキングなど山歩きもおすすめです。

勾配がきつい坂道を登る中で、

「もっと水を持ってくればよかった」

「カーディガンとかがあれば寒くなかったのに」

などの気づきが得られるほか、妹や弟など自分より弱い人への気配りができるようになります。


また、山頂に到達すると、達成感と爽快感が体感できますから、

「苦しくてもあきらめずに前に進めば頂上を極めることができる」

という原体験にもつながるのではないかと思います。

ここで一つ、興味深い調査結果を見てください。

◆独立行政法人国立青少年教育振興機構調査（二〇〇九年一一月、二〇代〜六〇代男女五〇〇〇人を対象にインターネットで調査）
○子どもの頃の自然体験の多寡と「最終学歴」「年収」の関係
・子どもの頃の自然体験が多い
学歴＝大学・大学院　五〇・四％
年収＝七五〇万円以上　一六・四％
・子どもの頃の自然体験が少ない
学歴＝大学・大学院　四五・四％
年収＝七五〇万円以上　一一・〇％

この調査では、「海や川で貝や魚を獲ったこと」「夜空いっぱいに輝く星をゆっくり見たこと」など三〇項目について尋ねているのですが、そうした体験が多いほど、高学歴・高年収につながっていることがわかります。

何も高学歴や高年収だけが良いと申し上げているのではありませんが、自然体験が豊かであれば、探究心や好奇心が刺激され、社会への関心や学習への意欲が高まる、と見ることもできると思うのです。

アウトドアで思いっきり遊ばせることは、協調性を養うと同時に、驚きと感動を得るチャンスになります。

わが家でも、娘を頻繁に野に山にと連れ出したものですが、水の流れに体を持っていかれないよう足を踏ん張る感覚、風が吹く中で火を熾すのには工夫がいるという実感、これらはテレビゲームでのバーチャル体験や塾での学習では到底得られないものばかりです。

実際、私が小中学校受験の実情を取材する中で出会ってきた子どもで、好奇心が旺盛でバイタリティあふれる子どもは、幼稚園や保育園時代から、お父さんやお母さんと多くのアウトドア体験を重ねてきたという共通点がありますので、皆さんの家庭でも、どんどん子どもを外へ外へと連れ出していただけたらと思います。

お父さんは「いいあせかこう」

私は、PTA協議会などの主催による講演に講師として招かれることが多々あります。その際、お母さん方から、「父親の役割としてはどういうものがあるでしょうか?」という質問をよく受けます。

私は、お父さんの役割をシンプルに言えば、「子どもに社会性を身につけさせること」ではないかと思います。

「社会性を身につけさせる」とは、世の中の仕組み、ルールを教え、集団の中で他人と協調していくことができる力を植えつけるということです。

多くの場合、子どもにとってお父さんは、もっとも近い場所にいる社会人で、「世の中」というものを家庭に持ち込んでくれる存在ですから、子どもが成長するにつれて、社会について教え、職業について語り、社会規範や人間関係についても、いろいろなことを話して聞かせる役回りを担っていただきたいと思います。

ただ、子どもが就学前、あるいは小学校低学年の場合は、まだ理解することが難しいでしょうから、まずは、お父さんが以下の七つを実践するところから始めてみてはいかがでしょうか。

その七つとは、「いいあせかこう」のひらがな七文字で始まる行動です。これなら、年端もいかない子どもでも、見よう見まねであとに続くようになるはずです。

○「いいあせかこう」

- い＝命を大切にする　例：家族の体調を気遣う、動植物を大事に育てる
- い＝いじめをしない　例：弱い者いじめをしない、陰口を言わない
- あ＝あいさつをする　例：率先して明るく家族や近所の人と言葉を交わす
- せ＝清掃をする　例：家の掃除、街の清掃活動に参加する
- か＝学習する　例：自分のために学ぶという姿勢を見せる
- こ＝交通ルールを守る　例：社会規範の第一歩として交通ルールを守る
- う＝運動をする　例：健康な生活を送るため適度な運動を心がける

この中には、わが子を協調性のある人間へと育てるための要素がいくつも含まれています。

特に、「いじめをしない」「あいさつをする」「清掃をする」、それに「交通ルールを守る」などは代表格で、第三者と仲良くする、誰とでもうまくやっていけるようになるため

の必須条件だと思います。

もう一つ、お父さんの役割として、ときに必要になるのが「ガツン」です。

お母さん方からは、「主人には子どもにガツンと言ってもらいたいのですが、ダメでしょうか？」という質問を受けますが、私はお父さんのガツンはあっていいと思っています。

かつての「地震、雷、火事、オヤジ」という概念が失われた昨今、やはり、お父さんには、「普段はやさしいけど、間違ったことをすると怖い」という威厳は持っておいていただきたいからです。

ただ、次の四つには気をつけて…という条件つきでです。

○子どもに対し、ガツンといくときの留意点

・感情に任せて大声で怒鳴らない　↓子どもが委縮してしまい、親の顔色をうかがう子に育ってしまう。なぜ叱っているのか理由を説明する。

・ガツンと叱る基準を明確にする　↓弱い者をいじめた、自分勝手な振る舞いで周りに迷惑をかけた、困っている人を助けなかった、ウソをついた、など、どういうときに叱るかのスタンダードを明確にしておく。

・大勢の前で叱らない　↓職場で部下を叱責するときと同じで、兄弟姉妹や近所のお友

だちの前など複数の人間がいる場で怒鳴ると、子どもはさらし者にされた気分になり自尊心が持てなくなる

・体罰は厳禁　→そうされても仕方がないというケース以外は絶対に手を上げない。

協調性のある子に育てるという点では、ガツンと叱る基準をはっきりさせ、逆に自分がそうされたらどう感じるかなど、教えて諭すべきです。

子どもがまだ幼くて、十分に理解できないケースでは、理屈抜きに「こういうことをしてはいけない」ということを、その都度、伝えておくといいでしょう。

基本的には、お父さんは鷹揚に構え、少し離れた位置から子どもの成長を見守るくらいの立ち位置のほうが長く良好な関係が築けるものです。

ガツンといく機会は最小限にして、大声で怒鳴るようなことは避けたほうが無難です。

子どものメンターを探そう

この本を手にされている皆さんにメンター（＝Mentor）はいるでしょうか。メンターとは、いいお手本のことで、もっと正確に言えば、皆さんの心を刺激し、いい方向に引っ

張り上げてくれる良導者のことを指します。

たとえば、職場で誰とでも協調できて、同僚の仕事をさりげなくフォローできる人、それでいてリーダーシップまで備わっているような先輩がいれば、誰しも「この人のようになりたい」と思うことでしょう。

また、皆さん個々の長所を生かそうとしてくれる上司がいれば、「この人について行こう」と感じるはずです。

それと同じことが子どもにも言えます。

子どもを誰とでもうまくやっていける子に育てるには、子どもが目標にできるようなモデル、もしくは、子どもの優れた部分を見抜き、伸ばそうとしてくれる第三者を見つけることです。

それができれば、子どもは「僕もあんなふうになりたい」と刺激を受けたり、「私の良い部分を引き出そうとしてくれる先生の期待に沿うようにがんばろう」と思うようになったりする可能性が高まります。

京都大学が、国際社会で活躍できる人材育成を目指し、二〇一二年度から学生の募集を始めた学寮型大学院「思修館」で、それに先立ち、特任教授を公募したことがあります。

その応募資格には、「学生のメンターになれる人物」という言葉が書かれていました。

警視庁でも、二〇一四年四月、女性幹部職員が若手女性職員へのアドバイスや指導にあたるメンター制度を導入しましたが、こうした動きは、後輩の手本となる人間の重要性を大学や警視庁側が認識していたからにほかなりません。

子どもの話に戻しますと、まずは幼稚園や保育園、小学校や習い事の教室などで、わが子より一つか二つ、年上の子どもの中から、子どものインセンティブになるような子どもを見つけることができればベストです。

「幼い頃、遊んでもらった近所の男の子が、早稲田→NHKと進んだので、その子を目標にさせました。息子も、『僕も続くぞ』という気持ちになっている気がします」

「順天堂大学医学部の女子学生で、運動もギターもできる方を家庭教師にお願いしてから、娘は少しずついい方向に変わったように思います」

これらは、中学受験合格者の家庭で聞かれた言葉ですが、園児や小学校低学年の子どもでも、「この子なら…」というモデルを見つけ、

「ほらっ、あのお兄ちゃん、誰とでも仲良く遊べてるね」

「二つ年上の〇〇ちゃん、泣いていた子を自分から慰めにいったね」

こんなふうに、子どもがその良さに気づくよう仕向けてみてはどうかと思うのです。

「あいにく、身近にそういう人はいない」

という場合は、歴史上の人物や現代を生きる著名人の中で、子どもにしっくりきそうな人物を選んで、その生き方を話して聞かせる手もあります。

さらに大事なのは、メンターの本来の意味である、子どもをいい方向に導いてくれる人間を見つけることです。

期待を持って接してもらった子どもは本当にできるようになるというのが、教育心理学で言うピグマリオン効果ですが、現時点での成績の良し悪しにかかわらず、

「この子はいい面持ってますね。絶対、この先、伸びますよ」

と、子どもの長所を把握し、本音で語ってくれるような先生を探してみるのです。

今、仮に、学校の担任の先生が、子どものいい部分を引き出そうとするタイプの先生でなかった場合でも、音楽の先生が評価してくれたり、体育の先生が「いい子ですね」と本心で語ってくれたりすることもあります。

そうした場合、親は、子どもを高く評価してくれる先生を最大限活用して、

「何でも○○先生に相談してごらん」

と、子どものほうからアプローチしてみるようすすめてみるといいかもしれません。

子どもでも、だんだんと自分に目をかけてくれている先生のことは、好意的にとらえますから、その先生が語るアドバイスにはしっかり耳を傾けるようになります。

昔も今も、学校や塾には依然として「えこひいき」という言葉が存在します。ともすれば、ネガティブなイメージでとらえられる言葉ですが、「えこひいき」される側になれば、大きなプラスになります。

無理におもねる必要はありませんが、わが子に目をかけ引っ張り上げてくれそうな先生を、親が意識して作っていけばいいのだと私は考えています。

祖父母の力を利用しよう

近頃、マスメディアや百貨店などのイベントを通じて、「イクメン」（＝育児を楽しむ男性）ならぬ「イクジイ」（＝孫育てを楽しむ祖父）という言葉をしばしば見聞きするようになりました。

この「イクジイ」は「育G」とも表現され、祖父（＝Grandfather）だけでなく、孫育てに積極的に関わろうとする祖母（＝Grandmother）も含めた言葉として定着しつつあります。

乳幼児の孫を持つ祖父や祖母の多くは、五〇代後半から六〇代とまだまだ若く、バリバリの現役として働いている方もいれば、定年退職はしたものの、「何かしたい」「打ち込むものが欲しい」と考えている方も多いのが現状です。「両親の子育てに口を出しすぎる」や「古い価値観を押しつける」といったことさえなければ、祖父母の力をできるだけ借りたいものです。

ひと昔前の「おじいちゃん」や「おばあちゃん」のイメージよりははるかに元気で、しかも経済力がある彼（彼女）らなら、親ができないことを孫にしてやることも可能になります。

祖父母を上手に利用する上でヒントになりそうなデータがあります。

◆旭化成工業・二世帯住宅研究所「祖父母と孫の関係—居住形態による比較調査」（複数回答）

○（祖父母への質問）お孫さんと一緒に暮らすことは、お孫さんの成長にどのような影響を与えると思いますか？

・高齢者や弱者に理解のある子に育つ　七四・一％
・家系や家族の一員として理解が深まる　五四・四％
・しつけや礼儀をわきまえた子に育つ　五三・七％

これは祖父母自身が、孫と交わる効果を語ったものですが、いずれも生きる力を育てる上で不可欠なものではないでしょうか。

まず、「高齢者や弱者に理解がある子に育つ」は、第三者に配慮する気持ちにつながります。祖父母が

「おじいちゃん、最近、足腰が弱くなってね」

「おばあちゃん、若いつもりだったけど、最近、耳が遠くなってきちゃったわ」

などと話すのを日頃から聞いていれば、高齢者へのいたわりの気持ちが生まれてきます。そのことは、血のつながった祖父母に対してだけでなく、弱者への気遣いにも結びついていきます。

もちろん、祖父母の代から孫まで三世代でどこかへ出かける、誕生祝いや正月祝いなど家族間でイベントをするなどによって家族の絆も深まります。

「僕（私）もこのファミリーの一員」

という思いが、単に親子間で何かをするよりも強くなる他、子どもにとっては自己肯定感や家族愛につながり、

「この家に生まれて良かった」

「世の中っていいものだ」

という気持ちにも結びついていくものです。その気持ちが、第三者にもやさしくできる心のゆとりにもなっていくでしょう。

「しつけや礼儀」に関して言えば、お父さんやお母さんの言葉には反発する子どもでも、祖父母の言うことは比較的素直に聞いたりするものです。

「自分がされていやなことは、お友だちにするんじゃないよ」

「あなたにも命がある。周りの人にも動植物にも命がある。命はお互いに尊重し合わないといけないよ」

折にふれ、こんなふうに語ってもらえるよう、お父さんやお母さんはそれぞれの親に頼んでおくといいかもしれません。

◆電通「祖父の孫育てに関する『育G（イクジイ）調査』」（二〇一二年七月発表）

○息子の子、娘の子比較

・週に一回は会う	息子の子	二二・八％	娘の子	四三・五％
・しつけをする	同	二一・三％	同	三一・三％
・叱る	同	一九・三％	同	二六・七％
・孫の親に気を遣う	同	四六・八％	同	三一・一％

この調査は祖父を対象にしたものですが、同じ孫でも、息子の子どもに比べ、娘の子どものほうが身近で、深く関わる傾向にあることがわかります。

この他、同居か二世帯か、あるいは完全に離れて住んでいるかでも関わり方は変わってきますが、お父さんやお母さんは無理のない範囲で祖父母の力を借り、親では今一つ手が回らない部分を祖父母にフォローしてもらえればいいと思います。

おわりに

二〇一二年一二月二六日、第二次安倍内閣が発足して以降、教育再生実行会議を中心に学校教育現場の改革が進んでいます。

道徳の教科化、日本史教育や英語教育の充実、それに教育委員会制度を抜本的に見直し、都道府県や市町村の首長の権限を強化すること、さらに言えば、高校での「基礎学力テスト」の導入構想や大学入試ならびに教育内容の改革などです。

その動きを取材していますと、数年後には、学校教育や入試制度が今までとはガラッと変わる…そんな実感があります。

当然、学校は国公立、私立を問わず、新しい制度に適応するため、カリキュラムをはじめ変革を余儀なくされていくことと思いますが、安倍内閣が進める教育改革が本当の意味で定着するまでには、教育現場での試行錯誤は当面、続くと推察しています。

しかし、家庭教育は今日からスパッと変えられます。

それも、「はじめに」で申し上げたように、「今日から」「誰にでも」「ノーコストもしくはローコスト」で変えられるものです。

お父さんとお母さんとで話し合い、子どもの様子を観察しながら、本編で述べた中ですぐにでもできそうなことは採り入れてみていただけたらと思います。

私は、小学校や中学校受験の現状、そして受験後の子どもたちの追跡取材などを経て、

「当たり前のことを当たり前にこなしてきた家庭の子どもは強い」

という実感を得てきました。

本書で述べてきた「元気な子にする」「素直でがんばれる子にする」「好奇心が旺盛な子にする」、それに「自分で考え表現できる子にする」や「協調性がある子にする」の五つは、いずれも日常の家庭の習慣でしだいに身につけさせることが可能なものばかりです。

これら五つは、子どもがやがて社会に出たあと、世の中をたくましく生き抜いていく素地になりますから、

「子どものテストの点数を上げる」

「少しでも偏差値が高い学校に入れる」

という目標とは別に、あるいは並行して、「数値では表現できない知恵」、言い換えれば、「数字では見えない学力」もまた身につけさせていただけたら、と思います。

本書は、ポータルサイトｇｏｏの「ｇｏｏベビー」で、二〇一三年七月から「清水克彦の生きるチカラの育て方」というタイトルで連載してきた記事をベースに加筆修正したも

のです。

最後に、連載および本書執筆の機会を与えていただいたＮＴＴレゾナントの担当者の皆さんに深く感謝し、結びとさせていただきます。

参考文献

・傳田健三（二〇〇四）『子どものうつ　心の叫び』講談社
・尾木直樹（二〇一〇）『子ども格差─壊れる子どもと教育現場』角川書店
・森岡清美、望月嵩（一九九七）『新しい家族社会学』培風館
・大和礼子、木脇奈智子、斧出節子編（二〇〇八）『男の育児・女の育児─家族社会学からのアプローチ』昭和堂
・落合恵美子（一九八九）『近代家族とフェミニズム』勁草書房
・和田秀樹（二〇一〇）『「心が強い子」は母親で決まる！』三笠書房
・坂東眞理子（二〇〇七）『親の品格』ＰＨＰ研究所
・小松成美（二〇〇八）『トップアスリート』扶桑社
・野々山久也編（二〇〇九）『論点ハンドブック　家族社会学』世界思想社
・岩崎夏海（二〇〇九）『もし高校野球の女子マネージャーがドラッカーの『マネジメント』を読んだら』ダイヤモンド社
・安田理（二〇〇七）『中学受験─わが子をつぶす親、伸ばす親』日本放送出版協会
・四十万靖、渡邊朗子（二〇〇六）『頭の良い子が育つ家』日経ＢＰ社
・渋谷昌三、小野寺敦子（二〇〇六）『手にとるように心理学がわかる本』かんき出版
・岡本浩一（二〇一一）『「塾いらず」でわが子の学力を伸ばす法』ＰＨＰ研究所
・清水克彦（二〇一〇）『子どもの才能を伸ばすママとパパの習慣』講談社
・清水克彦（二〇一一）『性格の良い子が育つママとパパの習慣』講談社
・清水克彦（二〇一三）『頭のいい子が育つ祖父母の習慣』ＰＨＰ研究所

※調査データなどに関しては本文中に引用元を明示してあります。

初出　本書はＮＴＴレゾナント株式会社により二〇一四年八月にキンドル版として発行されたものを書籍化したものです。

清水克彦（しみず・かつひこ）
政治・教育ジャーナリスト／文化放送報道デスク
1962年愛媛県生まれ。早稲田大学大学院公共経営研究科（現・政治学研究科）修了。文化放送入社後、政治記者を経て、米国留学。帰国後、キャスター、番組プロデューサーを歴任。江戸川大学や育英短期大学で非常勤講師も務める。
現在は、文化放送や九州朝日放送の番組で時事問題を解説するかたわら、「家庭力」の重要性を唱え執筆や講演にも力を注ぐ。
著書は、ベストセラー『頭のいい子が育つパパの習慣』『頭のいい子が育つママの習慣』（ともにＰＨＰ文庫）、『成功する子の親失敗する子の親』（学研）、『安倍政権の罠』（平凡社新書）など多数。
公式ホームページ　http://k-shimizu.org/

「生きるチカラ」の育て方

頭のいい子に育てるために、3歳から親が子どもにしてあげられること

2015年3月26日　初版第1刷発行

著　者　清水克彦
発行者　長谷部敏治
発行所　NTT出版株式会社
〒141-8654　東京都品川区上大崎3-1-1　JR東急目黒ビル
営業担当／TEL 03-5434-1010　FAX 03-5434-1008
編集担当／TEL 03-5434-1001　http://www.nttpub.co.jp
印刷・製本　図書印刷株式会社

ISBN 978-4-7571-4341-8　C0037